为 什 么 说
科学技术是第一生产力

主　　编　闫　玉

副 主 编　孔德生　王雪军

本册作者　孟嚣巍

中华工商联合出版社

图书在版编目（CIP）数据

为什么说科学技术是第一生产力 / 孟嚣巍编著. --
北京：中华工商联合出版社，2014.3
（马列主义知识学生读本系列）
ISBN 978-7-5158-0854-3

Ⅰ. ①为… Ⅱ. ①孟… Ⅲ. ①科技生产力－研究
Ⅳ. ①F014.1

中国版本图书馆 CIP 数据核字（2014）第 036016 号

为什么说科学技术是第一生产力

作　　者：孟嚣巍
出品人：徐　潜
策划编辑：魏鸿鸣
责任编辑：徐彩霞
封面设计：徐　超
责任审读：李　征
责任印制：迈致红
出版发行：中华工商联合出版社有限责任公司
印　　刷：固安县云鼎印刷有限公司
版　　次：2014 年 4 月第 1 版
印　　次：2021 年 10 月第 2 次印刷
开　　本：155mm×220mm　1/16
字　　数：77 千字
印　　张：10
书　　号：ISBN 978-7-5158-0854-3
定　　价：38.00 元

服务热线：010－58301130
销售热线：010－58302813
地址邮编：北京市西城区西环广场 A 座
　　　　　19－20 层，100044
http://www.chgslcbs.cn
E-mail：cicap1202@sina.com（营销中心）
E-mail：gslzbs@sina.com（总编室）

目 录 *Contents*

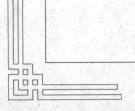

前　言

　　当今社会，计算机和网络使地球变小，人与人之间的距离变近，各种交通工具飞速发展，这些变化在一百年前是不敢想象的。伴随世界经济的发展，人们对世界进步产生的负面影响也得到重视，《增长的极限》一书向人们警示了世界无限发展的危机，特别是能源危机。虽然危机论被人们接受，但是世界并没有因此而放慢前进的脚步，一系列的新兴产业如雨后春笋般地诞生，让人应接不暇。如生物技术，利用酶向一些有机废物要效益，把庄稼秸秆变成酒精，代替汽油；细胞工程，培育新物种，把土豆和西红柿组合在一起，地下长土豆，地上结西红柿；基因工程，可以让猪体内长出人的器官和蛋白；新材料工程，纳米材料可以织出不需洗、不怕脏、永不磨损的服装，能够做到冬暖夏凉，透气又防雨；新能源技术，探索核聚变反应的控制技术一旦成功，海洋的氢同位素就可提供人类使用几十亿年的持久能源……这些新技术的研发，使人们透过层层危机看到了战胜危机的希望！

今天的人类无时无刻不在享受着现代科技带来的高质量生活，同时也深刻体会到科学技术的巨大力量。由邓小平提出的"科技是第一生产力"已成为人们十分熟悉的命题。可以说这个命题是对马克思主义"科技是生产力"这一思想的继承和发展，又是在新的时代对生产力、科学技术本质及其二者内在关系的科学的、创造性的概括。

早在 1844 年，马克思在批判普鲁东的唯心史观时，就已把科学和技术归为生产力，并用这个观点批评当时的一些经济学家仅仅把土地、资本、劳动看作是财富创造的条件，而忽视科学的作用。科技是生产力，这是从古至今都存在的道理。在古代，农耕工具和农耕技术的进步以及手工业技术的革新，在很大程度上促进了封建社会经济的发展，推动了人类文明的进步；到了近代，科技发展迅速，并且逐步渗透和作用于生产过程中，使经济取得了长足的发展和进步；特别是近现代经过三次工业革命，人类进入了知识经济时代，生产力高度发展，世界联系紧密，越来越依靠科技。可以说，发展高科技及其产业已经成为一股世界性潮流。

一个国家或民族的经济实力、综合国力、生活质量、国际竞争力以及在世界政治格局中的地位，都取决于科技尤其是高新技术的发展。1988年9月，邓小平根据当代科学技术发展的现状和趋势，提出了"科学技术是第一生产力"的论断。这个论断明确指出，科学技术一旦渗透和作用于生产过程，便成为现实的、直接的生产力。"科学技术是第一生产力"的思想，从哲学的高度解决了当代科技进步与生产力发展的辩证关系，指出了一条依靠科技进步加速发展生产力的道路，对中国的现代化建设产生了深远的影响。

若想了解科学技术的生产力属性，首先就需要对生产力的概念有科学的理解和认识。

一、生产力在社会发展中的作用

（一）什么是社会生产力

简单地说，"生产力或社会生产力，是指人们解决社会同自然矛盾的实际能力，是人类征服和改造自然使其适应社会需要的客观物质力量。"① 人类社会能够从蒙昧状态逐渐进入文明状态，就是因为社会生产力是在不断地发展着的，而社会

---

① 李秀林，等. 辩证唯物主义和历史唯物主义原理［M］. 北京：中国人民大学出版社，2001：110.

生产力的发展过程实质上是人类不断改造自然、利用自然，谋求自身生存和发展的历史过程。

人类从诞生之日起，无论是想要生存繁衍，还是要追求理想生活，都需要首先解决衣食住行用这些物质问题。但是人类所需要的这些东西，自然界中并没有现成的，而且自然界也不会主动将人类所需要的物质资料贡献出来，因此人必须在劳动中获得生产资料并创造出人想要的东西来。于是，从远古至今，人类为了生存和发展，用智慧和劳动不断地利用自然、改造自然来创造出自然中本不存在的事物以及适应人类自身生存的环境。由于人改造自然界有能力大小问题，所以我们用生产力这个哲学范畴来反映人类征服自然、改造自然的实际程度和实际能力。

唯物史观是从社会物质生产出发来说明历史的本质、历史发展的动力、社会精神活动的根源。为了能更具体深刻地做出这种说明，马克思对社会物质生产进行了分析，指出人们为了实现生活的需要，通过劳动进行的物质生产表现为双重的关系：一方面表现的是自然关系，另一方面表现的是社会关系。马克思用"生产力"一词来表示生产中人与自然的关系，用"生产关系"一词来表示生产力中人与人的社会关系。人类社会最基本的矛盾就是生产力、生产关系的矛盾——生产力决定生产关系，生产关系必须适应生产力的水平。在这个意义上可以说，生产力是社会发展的最终动力，它由劳动者、劳动资料和劳动对象三个要素组成，同时受社会系统其他因素的影响。

劳动者是生产力首要的要素，在生产力中占有特殊重要的地位。劳动者是人，但并不是所有的人都是劳动者。那么什么人才算是劳动者？按照马克思主义理论，劳动者是指具有一定的生产经验和劳动技能，会使用生产工具、实现物质生产的人。列宁说过："全人类的首要的生产力就是工人，劳动者。"① 劳动者之所以在生产力诸要素中有如此高的地位，就在于其职能和作用：首先，劳动者能够使劳动资料作用于劳动对象，从而实现人和自然的物质变换。我们生活的世界之所以如此的丰富多彩，发展变化日新月异，说到底是人运用自己的体力和智力，通过劳动资料去改造世界。因此，社会是人与自然的统一，生产是人化自然和自然化人的统一。其次，劳动者能够进行创造和发明，这使得社会经济发展获得了强大的推动力。当今世界每一项技术的发明和改进，都将引起

① 列宁. 列宁选集第 3 卷 [M]. 北京：人民出版社，1960：843.

生产力的巨大发展，引起社会的深刻变化，而技术的发明、改进、运用、推广，全靠劳动者的辛勤劳动。最后，人的发展是社会发展的终极原因。随着人的素质的提高，社会、经济也从低级向高级发展。例如在原始社会，由于当时人的素质较低，所以社会经济发展水平就处在原始幼稚阶段；而用现代科学技术和思想道德武装起来的人，必然将社会、经济推向前所未有的高度。

劳动资料作为生产力系统中不可缺少的要素，指的是在劳动过程中用以改变或影响劳动对象的物质资料或物质条件。劳动资料随着历史的发展而经常变化，从当今现代化的大生产来看，劳动资料主要包括三方面内容：①直接作用于劳动对象的生产工具，比如锄头、纺织机等；②劳动过程所必需的但又不属于劳动对象的物质资料和物质条件，比如生产过程中的动力系统、能源系统；③自动化控制系统以及与此相连的信息传递系统等。可以说劳动资料是劳动者劳动能力的延伸，是生产力水平的反映。其职能和作用在于：一是劳动者用于改造劳动对象的手段。人和其他动物的重要区别就是人会制造和使用劳动资料。劳动资料是劳动者与劳动对象的中介、媒体，只有通过劳动资料，劳动者和劳动对象才能发生直接或间接的关系，人才能与自然界发生物质交换。二是社会发展传承的重要手段，是后浪推前浪的物质基础和根据。后代对前代的继承主要表现在继承劳动工具上。三是标志社会发展的重要尺度，是后人研究前人的重要根据。例如，我们通过研究古代农业的生产工具，就能够得知当时的科技发展程度。

劳动对象一般是指人们通过劳动对其加工，使其能够满足社会需要的那一部分物质资料，大体可分为两类：一类是未经过人类加工的自然物，如森林、矿藏等；另一类是经过人类加工的物体，也就是原料。为什么说劳动对象是生产力的一个必要因素呢？第一是因为劳动对象为生产产品提供了物质基础。没有一定的劳动对象，就不可能生产出相应的产品。拿农业产品来说，除了需要有一定的劳动力和劳动资料外，还必须有一定的土地，所以从一定意义上说，劳动与土地都是农业财富的源泉。第二是因为劳动对象是提高劳动生产率和生产力水平的重要条件。劳动对象是一个重要的生产资源，它的数量和质量，对生产发展的关系极大。生产资源越丰富，质量越高，就为提高该项生产的质量和水平提供了越优越的条件。相反，生产资源短缺，质量不高，就会严重限制生产的发展和生产力水平的提高。因此，"劳动不是一切财富的源泉。自然界同劳动一样也是使用价值的源泉，劳动本身不过是一种自然力，即人的劳动力的表现。""只有一个人一开始就以所有者的身分来对待自然界这个一切劳动资料和劳动对象的第一源泉，把自然界当作属于他的东西来处置，他的劳动才成为使用价值的源泉，因而也成为财富的源泉。"①

（二）生产力是衡量社会发展的根本标准

人类的第一历史活动就是不断处理和解决人与自然的矛盾关系，所以生产力本身体现了人与自然关系的广度与深度，生产力的发展是社会发展的根本内容。从根本上说，人类历史就是物质生产不断发展的历史，社会的政治、经济、文化以及人的发展程度归根到底都要受生产力发展水平的制约。生产力尺度是一种客体性尺度，立足

---

① 马克思、恩格斯. 马克思恩格斯选集第 3 卷［M］. 北京：人民出版社，1995：298.

于社会的客体方面、客体因素，力求把握人所处的社会历史条件，体现着唯物史观关于生产力是社会发展最终决定力量的思想，是衡量社会发展程度的一个重要标准。例如，使用磨制石器，是人类文明较低级阶段；使用打制石器，是人类文明较高级阶段；使用青铜器、铁器，意味着人类文明进入更高级阶段。

生产力的发展是实现社会全面发展的根本条件。社会发展具有多种目标，如物质生活水平不断提高，政治制度不断完善，思想文化不断进步，生活方式更加合理，等等。具体而言，就是要增加能够得到的诸如食物、住房、保健和安全感等基本生活必需品的数量，并扩大这些生活必需品的分配。提高人们的生活水平，除了更高的收入外，还要提供更多的受教育机会，并对文化和人道主义给予更大的重视。要能给个人与国家带来更大程度的自尊，通过把人们从奴役和依附中解放出来以扩大个人与国家在经济和社会方面选择的范围。这多种目标的实现，归根到底取决于生产力的发展。

中国是人民当家作主的社会主义国家，人民是国家的主人，人的主体价值、主体地位及其权利人格等都应受到尊重。发展的全部目的就是为了实现人民的富裕、幸福。习近平在讲话中明确指出："我们党领导人民全面建设小康社会、进行改革开放和社会主义现代化建设的根本目的，就是要通过发展社会生产力，不断提高人民物质文化生活水平，促进人的全面发展。"这说明，在任何时候、任何情况下，党的一切工作和方针政策，都要以是否符合最广大人民的根本利益为最高衡量标准。那么解放生产力、发展生产力作为社会主义本质的首要内容，既为消灭剥削、消除两极分化提供了物质前提，也为实现最终达到共同富裕的目标提供物质保证。如果离开解放生产力和发展生产力的前提和要求，不可能实现真正意义上的消灭剥削、消除两极分化，而最终达到共同富裕也会成为一句空话。当然，消灭剥削、消除两极分化，最终达到共同富裕，并不是一朝一夕就能实现的，而需要一个逐步的、长期的过程，这是由生产力的解放和发展过程决定的。

人类社会发展到今天，经历了原始社会、奴隶社会、封建社会、资本主义社会和社会主义社会，将来还要发展到共产主义社会。我们说人类社会是由低级向高级发展的，这是由于后继的社会比前一个社会创造了更高的生产力。原始社会实行生产资料公有制，但它是最落后的社会，因为原始社会生产力水平极其低下；奴隶社会是残酷的，但它比原始社会进步，这是因为它创造了比原始社会更高的生产力；封建社会比奴隶社会进步，其原因也在于此。资本主义社会的剥削制度是罪恶的，但马克思仍对资本主义给予充分肯定。他指出："资产阶级在它的不到一百年的阶级统治中所创造的生产力，比过去一切世代创造的全部生产力还要多，还要大。"① 社会主义制度比资本主义制度优越，它的优越性应该表现在比资本主义有更好的条件发展生产力。社会主义的优越性归根到底要体现在它的生产力比资本主义发展得更快一些、更高一些。共产主义社会之所以成为人类最美好的社会，是因为共产主义社会生产力高度发达，社会物质财富极大丰富，人人都过着幸福美满的生活。

通过对生产力的考察，我们可以发现，在各个时代，生产力的最活跃的因素都在变化。正是在这个前提下，邓小平进一步发展了马克思"科学技术是生产力"这个命题，提出了"科学技术是第一生产力"。为了更好地理解这个命题，我们首先应该对科学和技术有一个深入的了解。

① 马克思、恩格斯. 马克思恩格斯选集第 1 卷 [M]. 北京：人民出版社，1995：277.

二、科学技术的起源与发展

（一）正确认识科学和技术

在我们深入了解科技之前，必须明确两个概念：科学与技术。

"科学"一词在中国古文中没出现过，科学的意思则以"格致学"出现。清代末年，中国人把声、光、电、化学等自然科学称为格致学。在《礼记·大学》中有"格物致知"的说法，其意思是说穷究事物的原理而获得知识。在国际上，使用"科学"一词是日本明治维新时期，福泽瑜吉把"science"译为"科学"，康有为根据这个用法把"科学"引入中国，后来严复在翻译《天演论》中也把"science"译为"科学"，从此以后"科学"一词在中国广泛使用。"science"一词来自于拉丁语 scientia，是学问或知识的意思。但英语中 science 却是 natural science（自然科学）的简称，虽然最接近德语对应词 wissenschaft，但仍然包括一切有系统的学问。不但包括我们所谓的 science（科学），而且包括历史、语言学及哲学。所以说广义的科学泛指所有的成系统的学问或知识，狭义的科学仅仅有自然科学之意。本书中所提到的"科学"使用狭义科学的意思，仅指自然科学。

关于科学的定义，国内外学者有多种看法。如：科学作为社会分工的一个部门，是人类一种特有的活动方式，是社会精神生产的一种具体形态；科学作为人类认识活动的成果，是一种知识体系，是一种社会意识形式；科学是一种特定的社会建制等。可以看出，学者们对科学的概念没有形成一致的认识，但有一点是共同的，那就是把科学看作是人们认识的活动和认识的成果，属于知识范畴。"科学是关于自然界、社会和思维的知识体系"，"科学是关于自然、社会和思维的知识体系……是精神文明的重要因素"，"科学是一种存在着公认的客观标准所累积的知识传统"①，这是人们对科学作为知识体系的肯定性表述。

人们所接触到或被人类所感知到的世界可以大致分为自然界、社会、人类自身的思维这三大部分。不论宇宙的星辰，还是地球的构造及发展过程；不论是植物、生物的生长规律和演化历史，还是人类自身生物体的生长规律和进化史；不论是人类社会发展规律，还是经济发展过程；不论是人的行为基本模式，还是人的思维，都存在其独特的基本规律和一般性生长变化原则。人们把对这些规则和原则的认识，及由这些认识构成的认识体系，称作知识及知识体系。科学是这一切规律的总称，科学直接表现为知识。人们对知识的认识越深，说明人掌握的科学越多、层次越深、知识越广。

科学作为知识和知识体系，有如下规定性：第一，科学是事实和规律在人们头脑中的反映，是人们对客观事物的属性、规律、本质的一种认

---

① 转引自陈红星. 第一生产力的哲学思考 [D]. 北京：中共中央党校，1994：12.

识。人们在认识、反映某一客观事物时，把握住了其属性、本质和规律，也就获得了某一方面的科学知识。第二，科学知识具有真理性。人们对事物的认识和反映，其结果可能是真理，也可能是谬误。科学既不是对事物的错误反映，也不是正确认识和错误认识的混成物，而是正确反映事物的真理性认识。第三，科学是理论化、系统化的理性知识。知识可以是点点滴滴的，甚至是互不联系的，但这样的知识不能被称为科学。只有这些知识单元的内在逻辑特征和知识单元间本质联系清楚了，建立起一个较完整的知识体系时，才能被称为科学。所以，科学都需要用概念、判断、推理等逻辑形式系统表述出来，科学具有一定的理论特征和系统特征。

但是人们常常不由自主地用获得的知识本身来理解科学，比如"牛顿力学'、"相对论"、"生命科学"等，这是片面的。我们应该知道科学不仅仅包括认识的成果，还应包括认识的过程。只要我们站在人类文明史的高度回顾一下，就很容易发现，并没有一个时代的知识体系能够称得上是完美无瑕，无懈可击的，同样也不可能有一种科学知识是停滞的、凝固的绝对真理。大家都知道，16世纪哥白尼的日心说推翻地心说，是近代科学兴起的标志。但现代天文学的发展表明哥白尼的日心说也并不正确，目前的研究认为宇宙根本没有中心。那么这个最新的结论一定正确吗？也不尽然，只要人们不断追求，认识是永无止境的。而正因为这样，科学才更具魅力，才能吸引无数科学家为之献身，去探索它的奥秘。自然界没有也不会有最后的谜底，人们只能不断把自己对自然的认识刻在历史的界碑上。但是当界碑刻好之时，人类已离它远去，又去撰刻新的界碑。科学的历史也正是在这样不断地否定中前进。

"技术"一词在中国古代泛指"百工"，在《考工记》中有"天有时，地有气，材有美，工有巧，合此四者然后可以为良"，其中的"工有巧"就是指工匠的技术、技巧之意，工匠的技术、技巧是指工匠拥有的基本操作思路、方法和特殊的手段，工匠的技术是以师傅言传身教的带徒弟的方式世代相传，以经验和具体的操作技巧和操作能力为主。英语中的"技术"一词technology是techne和logos结合起来的。关于技术的概念，不同时代和不同领域的学者，都从不同的角度下过种种不同的定义，概括起来有以下几种代表性的提法：①方法技能说。认为技术是人从事技术、艺术等任何事情中采用的手段、技能。例如18世纪法国的狄德罗在《百科全书》中把技术定义为："为了完成特定目标而协调动作的方法、手段和规则相结合的体系。"这里的技术是手工业者所拥有的技能，而工具只是在人手工操作下用于强化人手的技能和强度的物件。②劳动手段说。认为技术是人类活动手段的总和，技术是所有劳动手段和工艺的总和——人手创造物。③科学知识应用说。认为技术是客观的自然规律在生产实践中有意识的运用，技术是根据生产实践经验和科学原理而发展成各种工艺操作方法与技能。以上观点都从不同的历史阶段和不同的领域反映了技术某个侧面属性，因而都包含相对真理的成分，它们都是把技术作为静止的东西而忽略了技术的动态过程，未能反映技术的本质属性。

其实，技术的含义和科学的概念一样，有一个由简单到复杂的过程。比如在近代出现了大机器后，有了许多半自动化、自动化工具和电气化工具，这时又把各种机器和自动化工具等物质的生产装置也列入技术范围里，把技术的内涵扩大了，既包括工匠的技能和方法，又包括各种设备、工具的操作能力和生产性能。特别是在今天，以信息技术、微电子技术和电子计算机广泛应用为标志的新技术革命中，人的智能，即知识、智力和信息已成为决定生产和经济发展的最重要因素。因此，从这个意义上说，技术这一概念从工业社会前的手艺技巧和技能，经过工业社会的"机器工艺"发展到现在，已经体现为"新智力技术"。因此，技术乃是实践经验、科学理论和物质设备三者有机结合而形成的技术理论、技能以及物质手段和方法的总和。

科学是一种知识体系，似乎没有遇到过什么争论。那么技术是不是一种知识呢？或者说，技术能否以知识形式而存在？对此，人们的回答就大相径庭了。但不管怎样，把技术理解为一种知识还是大有人在的。邦格在他的著作《技术的丰富哲理》一书中为技术下了定义："技术是为按照某种有价值的实践目的用来控制、改造和创造自然的事物、社会的事物和过程，并受科学方法制约的知识总和。"① 有人甚至主张技术同应用科学是同一语，或者说技术是技艺的知识化和条理化，

① 田鹏颖. 社会技术哲学［M］. 北京：人民出版社，2005：111.

是对技艺的科学探讨。我国中华书局出版的《辞海》也指出："技术是人类在争取征服自然力量、控制自然力量的斗争中，所积累的全部知识与经验。"这说明，技术可以以知识的形式存在，与科学是有共同之处的。

当然，严格地说，科学知识与技术知识又是有一定区别的。简单地讲，科学知识主要回答被反映对象"是什么"、"为什么"的问题，而技术知识主要解决的是"做什么"、"怎样做"的问题。技术来源于实践的经验和对自然规律的认识。自然规律被定义为科学，自然规律是技术所必须遵循的前提条件，技术必须依照自然规律进行生产活动。如蒸汽机的主要技术原理是把热能转化成机械能或动能，水蒸气在温度变化下有膨胀的自然规律。蒸汽机的罐体和活塞在高温蒸汽的推动下产生位移，形成做功。蒸汽机就是把高温蒸汽膨胀做功的自然规律和自然变化过程人为地控制住了，让这个自然过程在人们需要时产生，按人们需要的强度释放，释放出的动能作用到工作机上，从而代替手工操作时的人力或畜力。蒸汽机就是实物性的技术，是具有某项功能的创造物，它的功能就是控制蒸汽受热膨胀的过程。与此同时，人们还要掌握一系列的控制技巧，利用气体的温度、压力、体积三者的自然联系，制定出在需要不同的动能时这三个因素之间的关系表，控制其中的某个因素，实现动能有目的的释放。

相对而言，科学知识要比技术知识抽象和概括，一般要离社会实践比较远一些；技术知识则比科学知识更加具体、更具有操作性，与社会实践较近、较直接。所以，人们采用基础科学—应用科学—技术的图式，来描绘科学知识与技术知识同生产实践的不同远近关系。同样这个图式还能反映知识逐渐具体化，逐渐向生产实践靠近并最终融入生产实践的过程。事实上，任何一项科学技术的发育，都要经历科学、技术、生产这三个阶段才能转化为直接的生产力。但是，我们决不能夸大科学知识与技术知识之间的区别。从当代大科学的角度看，科学知识是技术知识的理论基础，技术知识是科学知识的社会应用，这只是二者关系的一个方面。另一个重要的方面是，现在技术已经成为大科学的一个有机组成部分，科学知识和技术知识已密不可分。正是因为这个原因，人们通常都把科学与技术并提，把科学技术作为一个整体范畴应用。

（二）科学技术的发展历程

科学、技术是分属于人类行为的两个不同部分，一般认为科学是规律和知识体系，技术是一系列的技巧和附有特殊功能的工具和机器。现在对科学的研究已从哲学中分化出来成为一门独立的科学学，技术也因其专业性分化成不同的门类。人类科学技术文明起源很早，可以追溯到几千年甚至上万年以前，同人类历史一样悠久。但科学要成为一门系统化的知识，技术要能够自觉运用，需要经历一个相当长的历史演变过程，所以科学和技术形成系统的理论体系和不同的门类还是近几百年来的事。技术的诞生要先于科学，主要表现为生产经验和劳动技能。

人类社会自产生到现在已经有 300 万年以上的历史，人类出现的标志，就是从制造工具开始的生产劳动。而制造工具需要一定的技术，所以说技术首先是人创造发明出来的，是人们主观能动创造的结果。这个"创造"活动有明确的目的性，是为了把自然界的规律及物质为人所用，才进行的创造活动。那么从技术发展史来看，近代以前使用的生产工具基本依靠经验性技术。

人类与动物最大的不同就是能够制造工具。约100万乃至200万年前，人类的祖先首先学会制造和使用石器工具。打制石器标志着人类掌握了第一种最基本的材料加工技术，从此揭开了人类改造自然的第一个时代——石器时代的序幕。古代技术发端的第二个标志是人工取火。原始人在长期的劳动中逐渐认识到了火的用途，并发明了取火的方法。我国距今170万年前的云南元谋人和距今80万年前的陕西蓝田人，都留下了用火的遗迹。火在人类进化史上有着特别重要的意义，它使人类逐步走出了"茹毛饮血"的野蛮时代。恩格斯对火的出现给予了这样的评价："摩擦生火第一次使人支配了一种自然力，从而最终把人同动物分开。"[1] 另外，在原始社会的众多技术发明中，还有一些比较重要的有：约14000年前发明了弓箭；约9000多年前出现了饲养家畜的原始畜牧业和栽培谷物的原始农业；骨针缝衣、陶器烧

[1] 恩格斯. 反杜林论 [M]. 北京：人民出版社，1970：112.

制、房屋建造和木轮车、独木舟的相继发明，产生了人类最初的纺织、化工、建筑工艺和交通运输工具；到了原始社会末期，又发明了冶铜技术。这些围绕着衣食住行诸方面的技术发明，都是原始人生产和生活经验长期积累的结果，是原始人对自然界进行初步认识的结果，为科学及科学性技术的产生奠定了基础。在那个生产力水平极其低下的时代，任何一项技术发明都是在漫长的实践中通过反复实验才得到的。在漫长的原始社会时期，科学知识以萌芽状态存在于生产技术之中。石器的加工、人工取火、捕猎打鱼、制陶冶炼等都是科学知识萌芽的土壤。人们逐渐掌握科学知识之后，对大自然有了更深的了解，科学也在人们的不断认识中继续发展。总的来说，在这个阶段科技的生产力性质并不明显。

从原始社会，历经奴隶社会、封建社会直到15世纪，人类社会的生产力发展非常缓慢，掌握科学的人往往是少数知识分子、星术家和神学人士，科学常常被披上宗教迷信的外衣。在这个时期科学知识的积累微乎其微，劳动者只是自觉地遵循和利用自然规律，在反复的生产实践中取得了数量众多的技术发明。这些经验性技术当然会促进生产力的发展，但对于生产力总体水平的提高则是比较有限的。探究主要原因，就是在 16 世纪以前技术和科学是彼此分离的。那时自然科学仅仅是研究人们直接感觉到的自然现象，还没有从自然哲学中分离出来而形成独立的科学体系。由于没有科学理论可供利用，为此大多数技术发明都是在不利用科学投入的情况下取得的。可以说科学在绝大多数的情况下还不是技术进步的必要条件，同样，技术反过来促进科学增长的作用也是极其微小的。比如，中国古代桥梁建设的技术水平极高。但精湛的技艺依靠的只是经验和简单的实验，而不是力学知识。另外，古代的技术及其应用对象还具有单一性、孤立性、封闭性的特点。例如，我国古代陶瓷技术相当发达，对烧制一窑好瓷器有严格的技术要求，不过这种技术仅用于造瓷，并没有用于制造玻璃，所以中国古代制玻璃技术很落后。更重要的是，技术的载体是人，传播的方式是口传心授，技术水平的提高，靠的是经年苦练、日积月累。因此，技艺失传、退化的事并不罕见。如金字塔是怎样建造的，大马士革钢如何炼就，文艺复兴艺术家所用颜料的配方是什么，这些都已经随着历史长河的流淌而慢慢遗失，成为千古之谜不为后人所知了。

　　人类历史上有许多技术高度发达的文明，能够让今天的现代人仍感到难以置信，却永远地沉默了。造成这种情况的主要原因就是技术和它的载体无法分离，生产技术和它所制造的产品无法分离。这两种无法分离都来自一个根源——技术纯粹实用性，也就是说人还没有真正理解技术，而仅仅是掌握。而一旦技术具有科学的灵魂，人们的行为就成为理解之后的行为，真正意义上的有目的的行为。这样工匠的技能也就不再被云雾笼罩，不再是不可思议的神奇的事了。为此，我们说只有科学才能使技术通用，只有科学才能使技术升华，只有科学才能使技术举一反三，只有科学才能使孤立盲目的技术变得清晰。

　　要赋予技术以科学的灵魂，技术就必须实现三个转变：①技术必须成为能够流通的商品，不再是口传心授的单纯的技艺。②技术不再是个人用手来实现，而转化为由机器来实现。这样就使技术从工匠的手脑中分离出来，使技术升华。同时技术又成为了科研的对象。③工匠变为工程师。这样就在个人身上实现了科学与技术的结合，使盲目的技能行为，成为科学的指导性行为。科学一旦完成与技术的结合，就能产生巨大的生产力。从 16 世纪开始，近代西方科学技术增长是有规律的，科学高峰总是先于技术高峰到来，科学的发展决定着技术的发展。特别是 18 世纪以后，科学的先导作用越来越明显。

从 15 世纪下半叶到 18 世纪是近代科学技术发展的前期。随着资本主义在欧洲的萌芽与成长，新兴资产阶级为维护自身利益并从政治上完全取代封建统治，需要新的理论武器，从而导致文艺复兴、宗教改革和启蒙运动的兴起。在进行了一系列与神学的斗争之后，近代科学逐渐走上独立发展的道路。

14—15 世纪的文艺复兴和随后的宗教改革运动将人们从宗教和神性的束缚中解放出来，作为自然界和人类社会主体的人和人的价值得到肯定，人的个性得到肯定和释放；商业和贸易的发展促进了航海业的发达，航海业的发达使地理大发现得以实现，从而开阔了人们的心胸和视野；经济的发展使得有闲之士得以从事科学研究，科学家的"少功利重兴趣、多学科宽领域"的科研动机和为科学献身的精神使得科学理论自身的发展成为可能。在这一过程中，理性和神性、科学和宗教、科学和形而上学的斗争似乎从来没有停止过，即便是在中世纪"科学作为神学的婢女"的时候科学也没有停滞过。

16、17世纪发生在欧洲的科学革命是科学史上对古希腊和中世纪科学的一场革命，为现代意义上的科学发展奠定了基础，并且随着社会的发展演化为当今的科技革命。在世界历史发生巨大变革的时代背景下，这场科学革命首先在天文学领域内发生，它推翻了在此之前统治人们长达1800多年的"地心说"，代之以"日心地动说"，从根本上改变了人们对宇宙结构的看法。力学方面，则由亚里士多德的传统力学思想发展到牛顿的经典力学思想。同样，化学方面和近代人体力学方面也有着非常突出和卓越的成果。哥白尼的《天体运行论》、牛顿的《自然哲学的数学原理》以及维萨里的《人体的构造》，掀起了科学革命的高潮，并发生了以纺织机械的革新为起点、以蒸汽机的发明为标志的第一次技术革命，实现了工业生产从手工业到机械化的大转变，这是经验性技术在生产的长期累积下的一次大爆发，人类社会开始进入工业社会和蒸汽时代。

这次技术革命大体经历了三个阶段：第一阶

段是以纺织工业机械化为代表的工作机的革命；第二阶段是以蒸汽机的发明和革新为标志的动力革命；第三阶段则是以机器制造业为代表，奠定了近代机器大生产的基础。与之相适应的是钢铁冶炼技术和交通运输业的发展，出现了轮船和火车，确立了以蒸汽动力技术为主导的工业体系，开创了蒸汽时代。这一时期的技术发明和技术革新的科学含量还不是很高，主要依靠经验的积累。第一次工业革命在生产工具上实现了革新，同时对劳动者技能、技巧的要求也相应地提高，劳动者必须适应机械化大生产的发展，能够熟练地操作机器，以适应并推动生产力的发展。

在科学技术发展史上，科学与技术真正结合的标志是蒸汽机的发明。恩格斯高度评价说："蒸汽机是一个真正国际的发明，而这个事实又证实它是一个巨大的历史性进步。"[①] 蒸汽机的发明最早是为了解决矿井排水问题，人们想要找到一个廉价的动力来带动水泵排水。这样，法国物理学家 D. 巴本于 1695 年发明了第一部活塞蒸汽机，1698 年英国皇家工程队军事工程师 T. 塞维利发

----

① 恩格斯. 自然辩证法 [M]. 北京：人民出版社，1971：450.

明了蒸汽抽水机，1712 年英国铁匠 T. 纽可门制成了第一台可供实用的蒸汽纽可门机。这些发明出来的蒸汽机，后来经过格拉斯哥大学仪器修理工 J. 瓦特的重要改进，在 1769 年制成了单冲程大动力蒸汽机，1784 年瓦特又发明了转速可调双冲程蒸汽机。至此蒸汽机的发明基本趋于完善，终于能够在实际中应用了，成为了"万能的原动机"。

有关科学技术史的研究证明，第一批蒸汽机机床大多出于经验丰富的能工巧匠之手，而这些工匠往往只具有自学得来的简单的科学知识，他们和古代的工匠并没有很大的区别，但他们在蒸汽机的压力下不得不抛弃古代的传统，开始制造模仿自己工艺技能的机器。正如贝尔纳所说："只有到 19 世纪中叶，工程界的任务才开始超出古文明人的适应范围……而机器制造就变成了机器规模的工作，不再是人身规模的工作了。"[①] 这样，机器代替了工匠的手工操作，制造机器迫使他们学习科学知识，使他们进化为工程师，令他们的技术发明成为商品，获得专利，从而得以普遍推

---

① 贝尔纳. 历史上的科学 [M]. 北京：科学出版社，1981：344.

广和使用。建立现代规模的大工场，不仅能够生产原来以手工生产的产品，同时还制造生产这些产品的机器，机器开始代替了人手，使人手的功能增强延伸。

机器大生产飞速地发展，带来了 19 世纪科学技术的全面发展。这个时期科学的主要成就之一就是电磁理论的创立和发展，引起了以电力应用为标志的第二次技术革命——电气技术革命，科学理论开始走到了生产技术的前面，科学性技术在生产力中的作用越来越重要。

电动机和发电机的创造就是在电学研究中三个重要研究成果的基础上才发展起来的。第一研究成果是 1800 年发明了伏打电堆，靠化学反应形成电荷集中，正负电荷分别集中在化学反应中的两块极板上，形成了两个极板之间的电位差，也就是电压，把原来的空中划过的电固定下来，一旦需要就可以用导线把电荷引导出来。第二个研究成果是电流在导体中的作用，欧姆定律 $(I=U/R)$ 在 1821 年被德国化学家欧姆发现，1841 年焦耳和楞次分别发现了电流产生热，焦耳—楞次定律 $(Q=I^2Rt)$ 表明电能向热能转换的关系。第三个研究成果是安培公式、安培法则，它们揭示了电流变化引起磁场变化，电流周围有磁场的规律。法拉第1831年又做了"磁生电"的实验，确定了切割磁力线的导线产生电流，"电生磁"和"磁生电"两个相逆的转换关系。1865年麦克斯韦在总结以上规律的基础上，写了《论电和磁》，建立了一个系统的完整的电动力学体系，这个体系以麦克斯韦方程著称于物理学领域。与电磁理论被发明的同时，相应的技术也得到发明。1821年法拉第做了第一台直流电动机，1831年法拉第做了第一台永磁铁发电机，后人亨利改进了电动机，1834年雅可比制造出第一台实用电动机，1832年皮克希改进了发电机，1854年乔尔塞发明了混激式发电机，1857年惠斯通发明了自激式发电机，1867年西门子发明了自馈式发电机。

比较电磁学的基本理论与相应的技术，我们可以一目了然地看到，当电磁的自然规律被发现的同时，将那些发现电磁规律的实验装置做一定的改革就形成了可以应用的技术。许多电磁学规律的发现者，也是技术的发明者，科学规律被发现的同时，也就付之应用，发明创造出相应的工具。科学规律一旦被完全认识，就是真理，而依据科学规律制造出的工具都有一个不断完善改进的过程，有一些技术是边应用边改进。直至今日，那些传统电磁理论支持的发电机电动机技术还在改进，但不论技术怎样改进，其所遵循的科学规律是不变的。

电气技术革命与蒸汽技术革命相比，它不是直接来源于生产经验，而是来源于科学实验；它不是主要依靠工匠的技艺，而是依靠对电磁现象的理论研究；它不是行动在先，而是在电磁理论创立之后，才有电力的应用。在这次技术革命中，涌现出了以西门子、爱迪生等人为代表的集科学家、发明家、企业家于一身的人物，他们发明了发电机、电动机、变压器、电灯、电报、电话和无线电通信，将电磁理论转化为科学性技术。在改进生产工具的同时，大大提高了劳动者的劳动技能、技巧，科学转化成了巨大的物质生产力，从而推动了生产力的迅猛发展。

随着近代科学技术知识体系的形成和系统化，科技知识在社会物质生产中的作用日益增强，特别是在这一时期，不仅自然科学技术的理论体系逐渐形成并完备起来，以马克思主义为代表的社会科学体系也于 19 世纪中叶产生了。于是科学技术知识对社会物质生产乃至整个社会发展的重要性也与日俱增。从培根提出"知识就是力量",到马克思、恩格斯提出"科学是生产力",科学是最高意义上的革命力量,是"观念的财富",这些都反映了人们对这一历史性变化的认识。

19世纪与20世纪之交的物理学革命,是现代自然科学的开端,并且引起了整个科学思想的变革。1905年,年仅26岁的爱因斯坦创立了狭义相对论,揭示了高速运动的规律,突破了牛顿学说的时空框架。狭义相对论有狭义相对性和光速不变两条基本原理。爱因斯坦是一个不断探索的伟大科学家,很快就看到狭义相对论的局限性,于是建立了广义相对论。他把狭义相对性原理推广为广义相对性原理,即在任意坐标变换下物理定律的效学形式保持不变,所有参考系都可用来等效地描述物理规律,说明运动与静止是相对的,而运动规律是绝对的,不会随坐标的选择而改变。所以,相对性原理与相对主义有着原则性的区别。但是,就物理现象的客观性质而言,它们又都可能具有相对性的一面,如狭义相对论所揭示的"尺缩"、"钟慢"以及"质增"效应。虽然把空间与时间联系起来,构成四维时空连续区,但仍未摆脱欧氏几何属性,只是在欧氏三维空间之外增加了一维时间，所以时空结构是平直的。广义相对论则突破了这种局限性，进一步把时空与物质分布及其运动联系起来，构成四维弯曲时空结构，具有非欧几何属性，恰是"时间与空间是物质存在的形式"的科学写照。

1924—1926 年，德布罗意、海森伯、薛定谔创立量子力学，从根本上突破了经典力学的局限。量子力学研究微观客体的运动规律，描述微观客体的特性。微观世界的基本特性是波粒二象性、不连续性，服从概率规律。所谓物质波，乃是一种几率波。微观粒子服从测不准关系。不仅微观世界中这些物理现象超出了经典物理学的范围，而且微观世界中的电磁现象也超出了经典电磁学的范围，于是在 20 世纪 40 年代创建了量子电动力学，到 60 年代后期，又建立起统一描述电磁相互作用和弱相互作用的理论，称为"弱电统一理论。"1983 年，欧洲核子研究中心宣布发现了中间玻色子 W^+、W^- 和 Z^0，决定性地证实了这一理论，是物理学发展史上的重要里程碑。

在物理学革命的推动下，出现了 20 世纪的化学革命，其标志是量子化学的建立。这是自道尔顿原子论以来化学领域中最深刻的革命。1927

年，海特勒和伦敦运用量子力学处理氢分子，首次从微观粒子运动水平上揭示化学键的本质，否定了经典的价键理论。量子化学是用量子力学的理论和方法，深入研究化学反应的动态特征和分子的微观结构，把化学元素的化学行为归结为主要是核外电子的电磁相互作用。随着量子计算化学的发展和高速计算机的应用，可以进行"分子设计"，设计出预定结构和性能的新化合物。它对生命起源的探讨和实用药物设计方面能够发挥重要作用。

接踵而至的是生物学革命，开辟了分子生物学的新时期。1953年美国遗传学博士华生和英国物理学者克里克依据 X 光衍射分析结果，提出脱氧核糖酸（DNA）分子的基本空间结构是双股螺旋结构模型，很好地解释了 DNA 基因遗传复制的生物功能，把生物学研究推进到分子水平，从而兴起了一场继达尔文进化论以来生物学领域中最广泛的革命，开始形成分子生物学。这门新学科，主要是通过对蛋白质、酶和核酸等生物大分子的结构与功能的研究，深入探讨生命现象的本质。过去认为"生命是蛋白体存在的方式"，现在则可以明确为生命是蛋白质和核酶的存在方式，不仅具有新陈代谢、自我更新的功能，而且具有信息调节和自我组织的机制。在生命活动中，核酶也是非常重要的物质基础，主要由它决定生物体的遗传特征。在子代发育过程中，记载在亲代 DNA 分子中核苷酸顺序上的遗传信息，通过转录和转译过程传给子代，使之表现出与亲代相似的特征。由于分子遗传学的发展，使基因的剪接重组成为可能，以致组建新物种，打破了物种之间的界限。蛋白质和核酸的人工合成，则填平了生命与非生命之间的鸿沟。

20 世纪自然科学革命是全面革命，从物理学革命开始，如同连锁反应，出现一系列的科学革命，形成科学整体革命。科学革命的浪潮波及整个宇宙，既深入微观，又迈进宏观。随着射电天文学、相对论天体物理和现代宇宙论的发展，天文学革命把宇宙的两极（宏观和微观）连接起来，这是目前哥白尼日心说以来天文学领域中具有根本性的革命。20 世纪 40 年代末，在发现太阳的热核反应之后，盖莫夫等人便联系粒子运动来研究宇宙膨胀论中的早期密集状态，到 60 年代中期逐步形成大爆炸宇宙学派。按照大爆炸宇宙模型，我们的宇宙开始于温度和密度极高的"原始火球"

的一次大爆炸，早期只有一些质子、中子、电子、光子及中微子等粒子形态的物质。随着宇宙的膨胀，物质的密度和温度进一步下降，到大爆炸后三分钟左右，中子与质子结合为氢、重氢、氦等元素，从此开始形成多种化学元素，逐步演化出星系，包括我们生活的地球。这个模型预言宇宙背景辐射的存在，为 1965 年的测量发现所证实。大爆炸宇宙学的研究表明，宏观与微观之间并不存在不可逾越的鸿沟。近年来还形成了粒子天体物理学，在"大统一理论"基础上又提出了新的宇宙模型。尽管大爆炸宇宙学有成功之处，但也有疑难之点，然而它毕竟是建立在现代科学观点上的宇宙演化观，是对牛顿、康德、拉普拉斯基于经典力学的星云演化观的重大变革。

从现代科学革命的横向发展来看，它推动各个科学领域相互渗透，改变了自笛卡儿以来以分析为主的思维方式，代之以综合为主的系统思维方式，促进科学一体化。近半个世纪以来，交叉科学不断出现。第一类是横断科学，一门学科可以研究许多领域的问题。20 世纪 40 年代形成的系统论、信息论和控制论，70 年代形成的耗散结构理论与协同学，就是从系统和要素、结构和功能、信息和控制、有序和无序的横断面上，研究系统的构成、组织、状态和行为，适用于从生物到社会的广泛领域。第二类是综合科学，众多学科运用于一个领域、一类问题的研究，如能源科学、环境科学、智能科学、思维科学等。第三类是边缘科学，几门学科之间的交织，如粒子天体物理学、量子生物化学、量子生物学、生物电子学、化学仿生学等，所有这些新学科的形成，深刻地反映了科学一体化的趋势。即便在一门学科内部，也有一体化的趋势。当统一描述几种相互作用的"统一场论"获得成功之日，便是力学一体化之时。这时又会兴起一场物理学的大革命。科学一体化更大的趋势，就是自然科学日益向社会科学渗透，出现了生态经济学、信息经济学、社会控制论、管理控制论这样一些跨界科学，可称之为第四类交叉科学。特别是控制论已经广泛运用于社会领域，以致出现生产与管理的控制论化，使过程控制与信息管理二位一体，社会科学也成为直接生产力。控制论使自然科学、技术科学、社会科学一体化，导致具有广泛意义的控制论革命。科学一体化与科学数学化同步发展，随着自然科学日益数学化，社会科学也开始数学化，出现了数量经济学、数理语言学这样一些新学科。横断科学是社会科学数学化的催化剂，加速社会科学数学化的进程，紧随经济控制论之后，又在萌生经济信息论和经济系统论。自然科学奔向社会科学的洪流日益强大。

科学革命是技术革命的前导，科学革命必然引起技术革命。在现代自然科学革命的基础上，发生了当代新技术革命。它开始于 20 世纪 40 年代，以原子能、电子计算机、空间技术的产生为主要标志，人类进入了原子能时代。20 世纪 70 年代以来，微电子技术的产生，将当代技术革命又推进到了一个以信息革命为中心的新阶段。材料、能源、信息是构成现代技术的三大要素。以信息技术为核心，新材料技术为基础，新能源技术为支柱，沿着微观尺度向生物技术开拓，沿着宏观尺度向海洋技术和空间技术扩展，这就是当代新技术革命的概貌。以往的技术革命，主要是延长人的肢体，解放人类的体力劳动，而这次技术革命延长了人的大脑，扩大了人的智能，开创了解放人类脑力劳动的新时代。

（三）科学和技术的关系

1. 科学为技术发展提供理论指导

任何一项技术都是依据科学发展而来的，没有科学依据无法形成技术。虽然在第一次技术革命时，人类并没有形成系统的科学理论体系，但一些基本的自然规律已经被人们认识。以交通工具的发展为例，人们首先认识到物体受外力作用，就会改变其运动状态和位置，这个基本规律在第二次技术革命时，被抽象为牛顿第一定律（惯性定律：物体不受外力或所受外力合力为零时，物体将保持静止或匀速直线运动）、牛顿第二定律（物体受到外力作用时，物体所获得的加速度的大小与外力大小成正比，与物体质量成反比）和牛顿第三定律（作用力与反作用力大小相等方向相反）。虽然没有形成科学的定律和理论体系，但其基本的受外力要发生运动状态和位置的变化已是人们常识性认识，这个认识表现在人们抛石块、投枪、拉弓、奔跑等，都是这些基本规律的应用。在此认识基础之上，用牲畜的力量作用到车上，就可以形成车子的位移，形成了由牲畜拉的车子，如著名的古罗马的战车，中国秦始皇兵马俑中的战车。这些马拉的车是早期的交通工具，不但可以载人，而且还可以载物，形成了运输的技术。

科学对技术的指导作用是随着生产力的发展逐渐增强的。在资本主义社会以前，科学对技术的作用并不那么重要。只有在资本主义生产方式下，科学才融入了生产，为直接的生产过程服务，也只有在这种生产方式下，才第一次产生了只有用科学方法才能解决的问题，第一次在生产上达到使科学的应用成为可能和必要的规模。随着几次科学革命和技术革命的发生，科学对技术的理论指导作用日益明显和重要。19 世纪中叶以来，特别是在现代社会条件下，现代技术的发展越来越依赖于科学的进步。基础理论的突破和新的科学发现，成为现代技术创新的理论基础。无论是电力技术、电子技术、计算机技术、航天技术、激光技术，几乎都是首先在科学理论上得到突破，继而转化为技术成果。

原子能技术就是基础理论和科学发现取得重

大突破之后的自然结果。1905 年爱因斯坦提出质能关系式 $E=mc^2$，为发展原子能技术奠定了理论基础。20 世纪 30 年代约里奥—居里夫妇发现人工放射性以及哈恩等科学家发现铀核裂变，为核裂变反应的实验结果提供了必要条件。1942 年在费米领导下，核反应装置——反应堆开始运行，这是人类第一次实现自持链式核反应，开创了可控核能释放的历史，原子能技术才真正地诞生。现代技术的研究领域已经深入到分子、原子、亚原子等微观层次。在掌握其微观结构的基础上，实现变革、改造、改进客观技术性质，从而产生和发展新的技术。

在分子生物学理论取得重大突破的基础上产生与发展起来的现代生物技术亦是如此。20 世纪 50 年代分子生物学已经明确了基因是遗传物质，证实了基因的化学本质是 DNA，提出了 DNA 的双螺旋结构模型，揭示了生命的遗传机制和 DNA 的结构、功能及其活动规律。现代科学意义上的生物技术是以 1973 年博耶等人创立的 DNA 遗传技术为突破口而获得了飞速发展。现在已形成了基因工程、细胞工程、酶工程和发酵工程相互渗透、相得益彰的庞大体系的生物技术。

现代技术史的事实证明，现代重大技术的产生和发展，都依赖于科学突破性的进展；科学理论的重大突破，科学实验的巨大成就，预示着技术可能的发展前景，产生新的技术原理，提供新的技术手段，从而开辟新的技术领域。科学在现代技术发明中起着不可低估的理论指导作用。

现代技术创新的发生机制自 20 世纪以来可以简略地概括成一种线形模型，即基础研究——应用研究——发展研究——技术创新。基础研究是指增加科学知识和发现新的探索领域的创造性活动，而不考虑任何特定的实用目标，其成果往往对广泛的科学领域产生影响，阐明一般的和广泛的真理，或者成为普遍的原则、理论和定律。基础研究的主要目的是揭示客观事物的本质、运动规律，提出新发现、新学说，对已有的规律、发现、学说做系统性的补充、验证或开辟新的探索领域。应用研究是指增加科学知识的创造性的系统活动，但它考虑到某一特定的实际应用目标。应用研究既具有针对一定的实际应用目标去发展基础研究成果的性质，又是为了实现某些特定的和预先确定的实际目标探讨新的方法或途径，其成果对科学领域的影响是有限的，它涉及的是特定的领域。应用研究的主要目的是对有重大应用前景的新产品或新品种、新工艺、新材料、新方法等提出新理论、新构思、新原理。发展研究是运用基础研究、应用研究及实验获得的知识，为提供新材料、新产品、新设计、新方法，或为了对原来的生产进行实质性改造的系统的创造性活动，它以开辟新的科学应用为目标。

基础研究为应用研究和发展研究提供理论基础，是它们的智力储备；应用研究一方面开辟基础研究物化的方向，另一方面又将发展研究的信息反馈到基础研究，它是基础研究和发展研究之间的桥梁和中介环节；发展研究则负责把基础研究和应用研究中所获得的知识转化为新产品、新工艺，诱发技术创新的发生。发展研究在实现基础研究、应用研究的潜在价值、激发技术创新的同时，反过来也会促进应用研究和基础研究。

2. 技术为科学研究提供物质基础

"技术在很大程度上依赖于科学状况，那么科学却在更大得多的程度上依赖于技术的状况和需

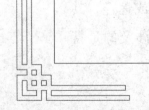

要。"① 不仅历史上的科学依赖于技术，而且现代自然科学在更大的程度上依赖于技术的状况和需要。现代技术的发展不仅给科学提供了越来越多的研究课题和可供概括的研究资料，而且提供了更多的实验设备和技术手段。科学的生长点存在于理论与实验的结合上，源源不断的研究课题和层出不穷的实验工具，构成了科学生长的肥沃土壤。

首先，当技术开发接近某种极限时，或者当现有的技术不能满足生产力发展的需要时，又或者是在新技术的发明过程中碰到理论难题时，再或者是在技术的应用中发现令人不解的新现象时，都必然反馈到基础理论的研究中来，从而产生强大的推动力，推动着科学的发展，促进人们去探索更深层次的科学原理。例如，20 世纪 20 年代无线电通信穿越大西洋时发现了静电干扰，在研究这种干扰时又发现了一种特殊的很微弱的噪声，这是来自与地球相距 2.6 万光年的银河中心，从而导致静电天文学的诞生，这种重大的科学课题是由技术发展的直接需要提出来的。同样，半导

① 马克思、恩格斯. 马克思恩格斯选集第 4 卷 [M]. 北京：人民出版社，1995：731—732.

体理论也是伴随着半导体技术的发展而建立和完善的。在 20 世纪 20 年代前后，半导体就有初步应用的研究，但没有引起人们的重视。直到第二次世界大战结束时，美国贝尔实验室提出用某种新的器件取代真空管的设想，并于 1947 年发明了点接触型晶体管。这种晶体管的问世，不仅引起了电子技术的重大变革，也促进了半导体物理的深入研究，建立了半导体理论。对于分立的电子元件来说，晶体管的物理性能已经达到了某种极限。于是研究人员在 1957 年发明了集成电路，使电子元件进一步向微小型化、低功率和高可靠性的方向发展，从而推动表面物理学的研究，使人们对界面的电子结构以及它与器件性能的关系有了深入的了解，导致了电子科学的革命。

其次，技术对科学的促进作用，还表现在它为科学研究提供了新的工具。现代科学必须依靠先进的技术和设备才能进行，正所谓"工欲善其事，必先利其器"。当代科学的许多突破性发现和重要科学的诞生，都依赖于高水平的实验技术与设备手段。没有雷达技术、射电望远镜，射电天文学是不可能诞生的，现代天文学的一系列重大发现和新的宇宙理论的建立也是不可能的。没有加速器、电子对撞机，就无法探索"基本粒子"，高能物理学、理论物理学都将失去凭依。没有电子显微镜、没有 X 光衍射技术，那么 DNA 双螺旋结构模型的建立、遗传密码的破译、重组 DNA 的突破等均是不可能的，更不可能有分子生物学的创立与完善。显然，新的实验技术已经是当今科学理论发展所必备的物质基础。

再次，技术是科学规律实施的条件。人们对科学规律的认识程度在不断地加深，人们控制科学规律实施过程的能力也不断加强，在人们对科学规律认识粗浅时期，人们只有改善科学规律实施的外界条件，才能使科学过程向有利的某个目标发展。随着人们对科学规律认识加深，达到可以改变生产规律的实施的基本原则和规律时，改善生产规律的基本原则和规律要比改善其外界条件更有利于实现人类目标。这也就是马克思的内外因的关系，生产规律是内因，科学规律实施过程的条件是外因，改变内因要比改变外因效果更显著。

在人们对植物主要是农作物的生长规律认识水平低下时，人们只知道春天播种，秋天收获，不知其内在的生长规律。虽然只知其然而不知其所以然，人们也能够遵从这个规则，进行春种秋收，而且收获果实是种子的几倍、几十倍。人们重复着春种秋收，逐渐发现有的地方收获多，有的地方收获少；有的年成收获好，有的年成收获差。人们渐渐地发现了一系列与收成有关的问题和规律性的经验，根据这些经验，人们想出了一系列的解决办法和解决途径，创造出各种工具解决这些问题。在原始社会，人们放火烧荒清理掉杂草，用石镰木棍把种子种下，也就是所谓的"刀耕火种"。放任种子自由生长、开花结果，秋天用石镰收割，再用石臼和石棒把米磨出来。人们仅仅完成了种下和收割，其生长动力完全靠种子自身所拥有的植物生命的力量，完全靠天然提供的水分、空气、阳光、肥料自然地发芽、生长、吸收土壤中的有益成分而不依赖于人的意志。人们只是为种子选择一块适合生长的土地，并播种下去，任其自由生长，当时人们没有能力认识其内在生长的规律并进行人工控制，但人们已经知道农作物自身具有生物的生命力和生长规律，这就是对科学的认识。同时人们也要知道种子生长必备的生长环境、种子发芽的条件。依据这些生长必备的条件，人们利用一切可以利用的工具进行耕种和秋收。当青铜出现后，人们就用青铜铸造中耕工具，代表着人们已认识到中耕除草和管理可以使农作物生长更好。但在当时中国青铜冶炼能力低下，产量比较少，又很贵重，所以青铜一般都用于铸造祭典用的器皿和兵器，用青铜制作的农具很少。到了铁器时代，铁被大量冶炼出来，广泛地用在农具上，出现了铁犁，又有驯化了的牛马可以拉犁深耕、起垄，开始了代田法耕作，这些工具的改进都是技术升级的结果。技术发展到了现代，虽然农业采用机械化耕作，使用化肥农药进行追肥除草、除害虫，但依然是没有改变农作物的基本生长规律，只不过这些工具能够为种子生长创造更好的外部条件，使外部环境更适合植物生长。

最早的物候历《夏小正》上就有将星象、物候、历法相结合确定农时的记载。在《周礼》中就有了"土"（自然土壤）和"壤"（农业土壤）的记载，《孟子》中提出"不违农时"的生产要求，《齐民要术》中提出"顺天时，量地利，用力少而成功多，任情返道，劳而无获"的技术原则。公元前25年李冰父子在四川修了著名的都江堰，秦朝时开凿了郑国渠。这些古代有关农业技术的记载和水利工程的建造，无不渗透着要"顺天时，量地利，用力少而成功多，任情返道，劳而无获"的遵从自然的植物生长规律，为植物创造生长条件的技术服务原则。

在古代农业生产历史中，刀耕火种为植物种子提供了一个可以生长的土壤环境，锄耕把种子的播种连续化，在单位面积土地上播种更多的种子；牛耕铁犁提高了耕种的速度、固定了垄与垄之间的间距，使农作物间隔均匀，播种深度适中，深部土层得到翻动更有利于植物根系扎根，吸取肥料；中耕不但可以除草还可以抗旱保墒；施肥和轮作是为了恢复地力，保持土地自然力等。所有这些技术都在改善着农作物的生长环境，创造一个更加符合植物生长要求的外界环境。在某个科学规律条件下，改进技术只能在小幅度内提高产量，不可能突破科学规律的产量上限，农业生产所遵循的植物生长规律已经明确地限定了生产的基本过程和最大的可能性生产规模，也就是单位面积产量。在这个限定下，不论其生长环境怎样地符合其要求也不可能突破这个最大限度。如水稻的产量自古至今已从亩产几百斤上升到近千斤，在单位产量上升中水稻的品种基本没有本质的变化，即使水稻改良，也仅仅是几个品种的杂交，而没有改变水稻的基本生长规律。所以不论是牛耕铁犁，还是机械耕作，连同农药化肥齐上阵，都没有使水稻的产量有突破性的上升，这也显示出植物自身生长规律的极限。而现代的基因工程，在改变植物基因成为可能的前提下，可以把那些适合在目前外界条件下就可以健康生长的植物基因组合在一起，创造出一个新基因组合，含有新基因的种子在现有外界条件下就可结出人们所希望的果实，根本不需要改善其生长的自然条件，人工重组基因的植物其生长规律与原基因植物生长规律是不同的。人们对基因从知之甚少到知之甚多，到可以改变基因，也就改变了植物的生长规律。生物遗传技术发展达到创造新植物新物种的高度，形成了新的生长规律下的新产业，实现了由技术创造推动生产规律的飞跃。

（四）科学转化为技术，促进生产力的发展

人类认识自然的最终目的是为了改造自然。

由生产活动和科学实验所总结出来的科学理论，是对自然规律的认识，还属于社会意识领域，若要进入属于社会存在的生产力领域，产生巨大的改造自然的物质力量，就必须实现科学的转化。要完成这种转化，充分而必要的条件就是"把巨大的自然力和自然科学并入生产过程"。[①]

科学与技术的结合能创造巨大的生产力，但同时它也受制于社会政治制度。只有当社会发展到一定阶段，科学技术才能成为生产力。换言之，科学转化为生产力需要一定的物质条件和社会条件，而由蒸汽机等机械确立的大工业技术基础和资本主义生产方式为这种转化提供了历史条件。近代技术是资产阶级工业革命的产物，为资本主义的思想、文化、政治革命带来了经济繁荣，使生产高涨。只有当资本主义发展到一定程度后，才能产生从根本上改变社会生产技术的需要和可能。也只有在资本主义生产方式下，才第一次产生了只有用科学方法才能解决的实际问题。列宁说："只有大机器工业才引起急剧的变化，把手工技术远远抛开，在新的合理的基础上改造生产，

---

① 马克思、恩格斯. 马克思恩格斯全集第 23 卷 [M]. 北京：人民出版社，1995：424.

有系统地将科学知识应用于生产。"[1] 机器不像手工工具那样简单地把劳动者的动作传递给劳动对象，它的特殊之处在于，"代替工人而具有技巧和力量，它本身就是能工巧匠，它通过在自身中发生作用的力学规律而具有自己的灵魂，它为了自身不断运转而消费煤炭、机油等（辅助材料），就像工人消费食物一样"[2]。马克思运用了文学上的修辞手法，形象地说机器是"能工巧匠"，"具有自己的灵魂"，是因为科学已经体现于机器之上，蕴含着科学含量的机器在各个生产部门被广泛应用，这标志着科学向生产的大规模转化。机器大工业使得科学对于生产的作用更加直接和重要，采用先进的科学性技术，使科学转化为生产力，就成为近代以来尤其是现代社会生产的普遍现象和重要环节。

以英国为例，以蒸汽机为主要标志的科学技术推动英国的社会生产力，特别是纺织行业的社会生产力迅速发展。我们看棉纺织业，由于旋转

---

① 列宁. 列宁全集第 3 卷 [M]. 北京：人民出版社，1960：496.

② 马克思、恩格斯. 马克思恩格斯全集第 46 卷（下）[M]. 北京：人民出版社，1995：208.

式蒸汽机的投产使用，到 1838 年英国的棉纺织厂就达到 1819 座，而到 1861 年，棉纺织厂就迅速增加到 2887 座；棉纺织厂所使用的马力数到 1838 年达到59803马力，而到 1861 年，则迅速增加到 294100马力；绵纺织厂所拥有的织机数，1836 年达到108751台，而到 1861 年则猛增到399992台。因此，科学推动生产力的发展，在工业革命开始以后的历史进程中，是显示得再明显不过了。

18 世纪中叶以后的英国，由于蒸汽动力技术的基本完善及其在纺织工业部门的成功，进一步推动了社会各个产业的发展。19 世纪上半叶，英国开始进入蒸汽动力的黄金时代。1800 年英国使用的蒸汽机仅有 321 台，共5210马力，到 1825 年上升到15000台，共375000马力。蒸汽动力的普遍使用，其社会后果是最终导致其他领域新兴产业部门出现。工业革命正是从纺织工业部门开始，后来扩展到机械制造业、冶金工业、煤炭工业、交通运输业等，造成工农业产业结构的巨大变动，给社会带来飞速发展。仅就工业革命初期的统计数字表明，1700 年英国煤产量为 260 万吨，1795 年增长到 1000 万吨，生铁产量 1740 年为 1700 吨，1796 年增至125000吨以上；进出口贸易总额

1700 年约 1000 万英镑，1800 年则增为 7300 万英镑。英国从 1760 年开始至 1830 年，终于完成了历时 70 多年的工业革命。第一次工业革命使英国成为世界上资本主义工业最先进的国家，彻底完成了由封建主义向资本主义的过渡。科学技术不仅在经济上实现了质的飞跃，而且促进了社会形态的转变，使资本主义制度得以巩固发展。

　　需要注意的是，科学转化为技术的关键是对科学规律发展过程的控制。在人类科学的历史上，我们可以看到许多科学规律已被人们认识，但在没有能力控制科学规律之前，是无法利用这些科学规律的，也就是必须有一个可以人为控制的工具或手段，控制科学规律的变化过程，包括强度、时间、地点、作用方向或目标，只有这样科学规律才能为人所用。蒸汽可以产生推动力，发生气体体积膨胀，或者产生压力，这个基本的现象在蒸汽机被发明之前已为人们所共知，但直到瓦特才利用专用的缸体、活塞和连接活塞的传动杆，把蒸汽推动活塞的动力传输出来，通过控制蒸汽的温度和数量来控制蒸汽所做功的数量，通过传动杆或带动的转轮把动力传输到所需要的位置。蒸汽机这个特殊的装置实现了对蒸汽做功的控制，蒸气机的技术就是利用蒸汽做功的核心性控制装置。电流及电能是富兰克林在研究闪电时发现的，闪电的电荷能够击倒建筑，击死人或牲畜，但当时人们无法控制自然中的电荷，无法使电荷静止下来，"储存"起来，再导到所需位置上，直到伏打电堆出现才实现把电荷"储存"起来，集中使用。欧姆定律告诉人们怎样通过电流、电压、电阻之间关系控制电流大小，从而控制电流传输，及电流转化为热能。直到电动机出现通过控制电压、电阻、电流来控制电动机动能的输出才实现把电能转化为动能，人们才控制了电能的使用。在科学规律转化为技术形成生产力时，发现科学规律是前提，控制自然规律发生过程是关键。

现代技术中有两个典型的事例，相互比较可以看出科学规律和控制科学规律过程在人们利用自然资源时的作用和相互关系。

一是成功地利用核能——核裂变反应堆发电，也叫核电站。原子核中的质子和中子发生聚合反应或裂变反应能够放出巨大的能量。其能量公式为 $E = mc^2$，这是 1905 年 9 月爱因斯坦提出的著名的质能关系式，告诉人们物体内所含能量与质量关系，而且质量基本集中在原子核上，也就是其中的质子和中子是原子质量的绝大部分。1939年1月，在美国国际理论物理学术会议上公布：一个中子轰击铀235原子核后，裂变为两个大致相等的原子核并释放出200MeV的能量，再释放2～3个中子，产生了铀235的链式反应，导致雪崩式的核爆炸。当铀达到临界体积时，就可以自行产生核爆炸，原子弹就是根据这个原理制成的。核爆炸在瞬间放出巨大能量，1千克铀裂变需要百分之几秒，释放50万加仑汽油的燃烧能量，形成百万度的高温，产生几十万个大气压的压力，是人无法利用的，对人来说就是毁灭性灾难，广岛原子弹爆炸就是例子。直到1942年美国建成第一座原子反应堆，首次实现了人工控制铀235的链式核裂变反应速度。控制手段是利用慢化剂将裂变产生的快中子慢化下来形成热中子，热中子是更容易引起铀235裂变的中子，控制慢化剂从而控制热中子数量，以达到控制铀235被中子击中产生裂变的速度，进而控制释放出的热量的数量和释放时间。这样利用慢化剂实现了对裂变反应强度和速度的控制，人们才有了核电站。也正是控制手段和控制设备计算机智能化，使核反应堆小型化，由占地几十万平方米的核电站缩小到几十平方米的核动力装置，应用到潜艇和航母上。

二是仍然无法控制的核聚变。与核裂变相对应的是核聚变，由两个原子核在高温高压下聚合成一个大的原子核释放出巨大能量，核聚变也叫热核反应，估算 1 千克热核聚变释放出的能量是核裂变的 4 倍。目前主要的热核反应燃料是氢同位素氘和氚，氘和氚在超高温条件下聚合成一个氦原子核。成功的核反应实验是氢弹，在原子弹引爆下氢弹成功地展示了热核聚变的巨大威力。但是热核聚变控制手段和装置还没有研究出来，现在许多研究者们都在磁约束和惯性约束两个方面做着大量的研究工作，将来终会有一天人们能够发明出控制热核反应速度的技术，为人类提供更强大、更清洁、无辐射的新能源。

人们对科学的认识程度和人们对科学规律过程的控制程度是科学与技术问题中的基本问题。认识程度是控制的基础，控制是对规律的应用。认识程度越高，控制得越充分，控制力越强，对科学规律的认识越深刻。技术就是对科学规律实施的控制，由控制的手段、工具、程度等几个方面共同构成控制方式。

那么科学转化为生产力的主要途径又是什

么呢？

　　一方面，科学通过技术的发明创造，物化为生产工具，促进生产力的发展。科学要转化为生产力，就必须通过技术发明，使新技术应用于新工具的制造。生产工具对生产力具有特别重大的意义，是"人类劳动力发展的测量器"。如果科学不体现在生产工具上，它就仍然是作为社会意识的知识，而非成为生产力进入生产过程发挥作用。科学转化为生产力的过程，是一个通过技术，不断用新工具代替旧工具的过程。生产工具不是自然界本来就有的东西，尤其是近代以来比较先进的生产工具，例如机器之类，就是人们运用科学原理创造发明出来的。"自然界没有制造出任何机器，没有制造出任何机车、铁路、电报、走钉精纺机等。它们是人类劳动的产物，是变成了人类意志驾驭自然的器官或人类在自然界活动的器官的自然物质。它们是人类的手创造出来的人类头脑的器官，是物化的知识力量。"①

　　科学通过机器等工具体现出来，以生产工具的形式进入生产领域。以交通工具为例，在原始

　　① 马克思、恩格斯. 马克思恩格斯全集第46卷（下）[M].北京：人民出版社，1995：219.

和奴隶社会时代，人们无法控制火的能量之前，只有靠自身的力量或牲畜的力量拉动车子。当人类认识到火的热量可以使液态水变成气态水蒸气，而气态水又转变为液态水会释放出来动能，这就成为蒸汽机的动力来源。蒸汽机应用到火车和轮船上，形成了蒸汽机为动力的交通工具。后来，人类又认识到通过燃烧燃料发生了氧化反应，氧原子与氢或碳分子等结合可以放出分子内部的能量，应用此理论发明了内燃机。内燃机与电动机、发电机相结合出现了地面的火车、汽车，水中的汽艇，天上的飞机。当喷射式发动机出现后，又有了喷气式发动机的飞机，出现了火箭和宇宙飞船。人类对于能量的认识在不断发展，体现在交通工具上就是由马车→蒸汽火车（轮船）→汽车飞机→喷气式飞机→核动力船只。

20世纪40年代后的第三次技术革命更要归功于科学的全面发展，特别是半导体理论、微电子学、相对论、量子理论和自动控制等方面的新发现，使生产工具和设备更加先进、精密，效率更高。第三次技术革命以自动控制为理论体系，以宇航、原子能、电子计算机为主要标志。电子计算机这种工具是人类智力的伟大创造，是控制论、信息论、固体物理学、电子学等多种自然科学理论的综合运用，它与以往工具相区别的新质就是它能代替人的一部分脑力劳动，代替部分感觉、记忆和思维。人的部分思维可以形式化、数学化，从而为机器所代替，并且在这一领域内机器可以比人做得更快更好。以往的技术革命所产生的机器，只是人的体力的扩大、肢体的延长，只能代替人的体力劳动，而这次技术革命所产生的电子计算机是人的智力的延伸，部分地代替了人的脑力劳动，使人从部分脑力劳动中解放出来。从"机器产生机器"到"机器操纵机器"，即由机械化走向自动化，就是科学通过控制技术革命物化为最新的生产工具，使机器系统发生了革命性的变革，在原有机器的三个组成部分即工作机、发动机、传送机以外，又增加了一个新的部分——控制机，这就引起了整个机器体系的质变，形成了崭新的机器体系，空前地提高了劳动生产率。例如，美国一台带钢热轧机，用人工控制，每周只能生产 500 吨。采用电子计算机自动控制后，每周产量达 50000 吨，劳动生产率提高了 100 倍。

另一方面，科学通过教育和训练使劳动者掌握技能、技巧，促进生产力的发展。劳动者是生产力中最活跃最基本的因素，起着决定性的作用，没有人就谈不上使用生产工具去改造劳动对象。一切物的因素必须通过人的因素，通过劳动者的体力和智力，运用生产的技能、技巧，才能进入生产过程，构成生产力。因此，科学要转化为生产力，首先要提高劳动者的知识水平，使劳动者掌握科学知识，得到尽可能多的发展，然后再转化为劳动者的技能、技巧。劳动者进行劳动时，总是既要付出体力又要付出脑力的，这表明在劳动者这一生产力要素中，脑力劳动是不可或缺的内容。在古代，尽管科学低下技术落后，但只要是创造财富的劳动者，就都具有一定的智力，虽然这种智力是十分低级的。现代生产对智力的要求与古代相比则有了天壤之别，这种差别又是和相应的科学、技术水平紧密相连的。人类利用能源的历史，大致经历了从学会摩擦取火、利用燃料热能利用自然界机械能、把燃料热能转化为机械能一直到现在核能的利用等阶段，这些不同阶段都反映了人类智力改造自然的作用，智力越高，意味着人类在自然界所取得的自由度越大，征服自然的能力越强。科学的发现、技术的发明都是由人来实现的，科学性技术在生产上的应用也离不开人，它需要人去掌握和运用，使它作用于劳动对象，进入生产过程。人在生产中所发挥出来的伟大的物质力量，主要是由科学转化而来的技能、技巧，而不是体力。因此，用科学知识武装劳动者是科学提高劳动生产率的重要途径。

值得注意的是，科学与技术的结合虽然能创造巨大的生产力，但同时它也受制于社会政治制度。

大约 2500 年前，中国是最早由奴隶制发展到封建制的国家。百家争鸣、学术繁荣的社会背景，对于中国古代科技的发展无疑产生了强大的推动，从而在一个相当长的时期内中国的科学技术在世界上处于领先的地位。英国的培根在其 1620 年出版的《新工具》一书中曾感叹，如果想看看各种发明的力量、品德和作用，最显著的例子就是印刷、火药、指南针。因这三种发明已经改变了全世界的表面和一切状态。第一种是学术方面的，第二种是战争方面的，第三种是航行方面的。这三方面的变化是任何帝国、任何宗教、任何人类史上都无法比拟的。火药、指南针、造纸和印刷术，是中国人民对世界文明所作的巨大贡献，可以说欧洲的近代文明和社会进步正是以此为起点的。对此马克思作了高度评论，指出："火药、指南针、印刷术——这是预告资产阶级社会到来的三大发明。火药把骑士阶层炸得粉碎，指南针打开了世界市场并建立了殖民地，而印刷术则变成新教的工具，总的来说变成科学复兴的手段，变成对精神发展创造必要前提的最强大的杠杆。"① 中国古代曾有过光辉灿烂的科学文化，也曾对人类历史作出了伟大的贡献，但到了近代中国却被动挨打，丧权辱国，经济落后，科学文化停滞。究其原因是多方面的，但主要是由于盲目自大，闭关锁国，八股取士，因循守旧，反对新生事物，反对科学。

和我国正相反，在 16 世纪以前，英国还处于中世纪的黑暗时期。工业革命之所以发生在英国，主要是因为 15、16 世纪的英国及欧洲发生了一系列有利于科学技术发展的重大变革。地理大发现为资产阶级开辟了广阔的市场；文艺复兴为新兴资产阶级注入了一种积极进取的精神；宗教改革把资产阶级从精神枷锁下解放出来。用爱因斯坦的话形容，就是"礼拜堂日趋没落，实验室欣欣向荣"。17 世纪英国发生资产阶级革命，又从政治上保证了为追求财富所做的一切努力。英国正是在这样的背景下开始了新技术和新式机器的开发和研制，同

---

① 马克思. 机器、自然力和科学的应用 [M]. 北京：人民出版社，1978：67.

样也只有在新的社会和文化环境中新技术才有意义、才起作用。例如：把蒸汽机变为动力，古希腊人希罗作了最初尝试，发明了第一部蒸汽转球装置，这是历史上最早的蒸汽机原型。但是因为当时社会生产力水平及社会发展水平较低，既没有把它作为动力机械加以利用的需要，也没有实现其应用的条件，所以希罗的蒸汽装置不可能成为技术发展的主流。只有到 18 世纪，爆发了以工作机的发明为起点的资本主义工业革命，为了寻找新的机械动力，才使蒸汽技术大规模利用和改进，并且迅速形成了蒸汽动力技术群和近代技术体系。因此，科学技术作为生产力，不仅是科技本身结构发展的问题，而且也是非常复杂的政治社会和文化大变动问题。

英国 16 世纪就开始用煤取暖和熔炼铁矿石。在 19 世纪中叶以前，煤的效能是人类社会发展过程中关键性的重要因素，布罗代尔形象地解释为：工业革命就是从木柴和木炭的文明过渡到铁和煤的文明。两个数字足以说明问题：在 1789 年，欧洲共烧 2 亿吨木柴，到 1840 年就只烧 1 亿吨；此外，欧洲铁产量 1790 年为 60 万吨，1810 年为 110 万吨，1840 年为 280 万吨。这一切当然都应归功于技术的变革。据估测，1800 年世界各地区（欧洲、中国、印度）的人均国民收入几乎都在 200 美元上下，到了 1976 年，这个数字在欧洲达到 2325 美元，而中国和第三世界仅为 350 美元。换句话说，在一个半世纪多一点的时间内，平等的状况变成了巨大的不平等，究其原因还是工业革命。煤是工业发展的必要条件，但它决非是充分的条件。工业革命首先是一种社会文化现象，光有煤不能创造机器，也不能使机器运转。还需要能设计采煤的人、制造和操纵蒸汽机的人，需要能够组织各种生产因素，并能承担企业的风险和责任的人。人才是决定因素，有了思想解放、开拓进取的人，才有蒸汽机，才会带来经济的高速增长。

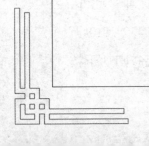

三、"科学技术是第一生产力"论断的由来

（一）现代科学技术的特征

生产力是人们认识客观世界改造客观世界的能力，那么究竟是什么决定生产力的水平呢？在100多年前马克思、恩格斯所生活的时代，科学技术只是一般社会生产力，还不是第一生产力，而现代科学技术才是第一生产力。这也就是说，"科学技术是第一生产力"命题中的科学技术指的是现代科学技术。要想了解现代科学技术在生产力系统中的地

位和作用，首先需要了解现代科学技术与传统科学技术相比所具有的重要特征。

现代科技的第一个特征即为科学技术发展的加速化。现代科学技术的发展日新月异，呈加速度发展态势。这既表现在科学知识量的急剧增长，又表现在科学知识发展的质变。当代科学技术的迅猛发展，使科学技术知识量高速增长，出现了所谓"知识爆炸"、"信息爆炸"的现象。以科技杂志和学术论文为例，自 1665 年第一本科学杂志问世，到 1750 年杂志数目为 10 种左右，19 世纪初期达到 100 种左右，19 世纪中期达到 1000 种，1900 年达到 10000 种，20 世纪 70 年代已达 10 万种，科学杂志每 50 年增加 10 倍，现在全世界每年发表的科学论文大约 500 万篇，平均每天发表 13000～14000 篇，平均每 35 秒钟发表一篇。全世界每年出版的图书 70 万种，不到一分钟就有一本新书问世，即使是一个学科一年的新知识，一个人就需要阅读 45 年。20 世纪 60 年代以来的科技新发现和新发明，比过去 2000 年的总和还多得多。这些都说明科学技术在量的增长上呈加速发展。

科学技术的加速发展，不仅表现在科技知识"量"的急剧增长，还表现在"质"变上，即科技知识更新周期的大大缩短。据专家统计，18 世纪知识的更新周期为 80～90 年，19 世纪到 20 世纪初为 30 年，20 世纪 50 年代到 60 年代为 15 年，世纪之交为 10 年，目前已缩短为 5～7 年。过去，人们知识的获得，80％来自学校，20％来自工作后再学习，而如今 80％的知识靠工作后再受教育而获得。由于知识更新的周期越来越短，人人都面临一个知识半衰期问题。终身教育、继续教育已成为人们适应科技发展的必要方式。同时，新技术新产品的更新速度也越来越快。最近 20 年发展的工业技术到今天已有 30％过时了，尤其在电子领域已经有 50％过时了。计算机自从 1945 年问世到今天，计算速度每 6 年增加 10 倍，存储量每 6 年增加 10 倍，从这里可以看到，科学技术呈加速增长的趋势。

现代科技的第二个特征是科学技术发展的一体化。完整的科学技术体系是科学和技术的统一、自然科学技术和社会科学技术的统一、科学技术高度分化和高度综合的统一。概括起来，就是科学技术一体化发展，现代科学技术已显示出这种特征。在现代，科学革命和技术革命汇合为一个统一过程，科学和技术在其发展过程中变得越来越相互依赖、相互促进。一方面，不管是新兴技术的产生还是技术的根本性变革，都要以科学为理论基础。任何一个领域中如果没有深入的科学理论研究，就不能产生有关的新兴技术。例如，人们长期以来就在为防治癌症而努力奋斗，每年都要花费大量的经费，但进展较慢。原因就在于目前科学研究尚未搞清癌症的病因，只有查清它的生理机制，才能确定医治癌症新技术的方向，才能在技术方面获得突破性的进展。另一方面，新技术又反过来推动科学的进一步发展。比如近期迅速发展起来的分子生物学，在很大程度上与超微细的物理和化学处理技术的高度发展有关。现在研究基本粒子，如果离开加速器、电子计算机和高速摄影技术是根本不可能进行的。在社会科学方面，以碳同位素测定方法为基础的年代鉴定法，对考古学和古代史学的研究产生了很大影响。电子计算机技术与现代语言学研究相结合，促进了人工合成语言和机器翻译技术的发展。在经济学研究中，利用经济模型进行预测分析法的产生，也与电子计算机技术的发展密切相关。

另外，近代学科之间特别是自然科学技术与社会科学之间相互交叉又相互渗透。从 20 世纪 40 年代至 50 年代开始，现代自然科学日益发展，边缘学科不断出现。所谓边缘学科也叫中间学科，是两门学科之间的中介或相交。如生物学与化学发生交叉，产生新的知识集合，形成新的学科——生物化学。在自然科学和社会科学内部，随着大量边缘学科的出现，似乎两者的一切根本的差异都在中间阶段融合，一切对立都经过中间环节而相互过渡。20世纪六七十年代，科学发展又出现新的动向。在边缘学科研究的推动下，开展了多学科之间的协作，两门以上学科知识体系又发生了交叉和综合，共同研究同一对象，综合科学也就应运而生，促使现代科学技术走上统一。与此同时，不仅自然科学和社会科学各类学科内部发生交叉和综合，自然科学和社会科学之间也出现了相互交叉、综合统一的发展趋势。目前，自然科学向社会科学延伸和渗透，已成为一种普遍现象。比如环境科学不仅研究人和生存环境之间的物质能量交换关系和规律，也研究人类生存环境的最佳生存条件，以及人如何在生存环境中生活和建设等。这些课题既涉及生态学、遗传学、土壤学、地质学、气象学、生命科学等自然科学，也涉及人口学、社会学、伦理学、法学、城市学等社会科学。又比如人类生物学，不仅研究人类起源与进化，还研究人的地理分布状况、人类社会起源与发展、语言的起源与演化以及计划生育和人口优化等问题。这些学科把自然科学与社会科学联系在一起，使自然科学和社会科学的界限正在变得模糊。

现代科技的第三个特征就是科学技术与生产的一体化。在 19 世纪，科学与技术相互依赖、科学应用于生产变为直接生产力的过程就已经开始。但就总体而言，在 19 世纪，科学技术与生产尚未实现一体化，二者也没有成为必须相互依赖的有机整体。一般来讲，当时是生产先给技术和科学提出任务，然后由技术和科学去解决。20 世纪以来，科学和技术的关系发生了根本性的变化。一般是先探讨和确定新的研究课题，研究解决该科研课题的原则和方法。技术科学使科研成果达到实际上能够利用的水平，之后才能在生产中应用并在全社会推广。这样，现代社会大生产就分成了两个明显有别但又紧密联系、互相依赖的生产阶段，即生产准备阶段和直接生产阶段。完整的社会生产就成了科学——技术——生产一体化过程，科学技术在经济发展中起着先导作用。具体地讲，科学技术和生产一体化表现在以下几个方面：

第一，科学技术在结构层次日益完善的同时，各个层次的科研活动及成果都越来越自觉地与生产的需要联系起来。在当代科学技术活动中，基础研究虽然仍与传统理解的科学活动有很多一致，例如以认识世界追求真理为目的、不直接与实用相联系，同时又与传统科学有重要区别，它不仅为应用研究和开发研究提供理论基础，而且也越来越在意潜在的和远景的应用价值。当代的科学活动不止于基础研究，在现代科学研究中，应用研究和开发研究的地位也日益重要。应用研究致力于解决国民经济中提出的实际问题，科学理论和生产一般是通过应用研究联系起来的。应用研究一方面将基础科学导向技术科学和生产，另一方面又将技术和生产的信息反馈给科学。通过应用研究，把理论发展到应用的形式，使理论具备为人类实践直接服务的可能性。开发研究在现代工业社会是最为普遍的科技运动形式，它直接从事生产技术方面的研究，担负着把科学技术直接转化为生产力的工作，它以对生产的直接应用为特征。通过它，科学活动系统与生产活动系统便直接联系起来了。由于现代科学技术形成了基础研究、应用研究、开发研究的有机体系，为整个科学技术逐级向生产实际转化打开了通道，科学技术与物质生产也就在这种意义上结成了一体。

第二，科学技术应用于物质生产的时间日益缩短。严格地讲，科学技术本质上具有应用于物质生产的内在要求，只不过是在 20 世纪以前，其重要性未受到人们的重视。科学技术向生产力转化的通道也不畅通，科学技术成果由产生到应用于生产的周期较长，科学技术生产力功能未凸显出来，以致许多人看不到它的应用价值。现代科学技术则大大改变了 20 世纪以前的状况，使科技发明从出现到实际应用之间的时间日益缩短，从而在很大程度上加快了生产力的发展。如近代科技革命中，从科技发明到生产应用平均周期为 80 年，现代科技革命将这一周期大大缩短了，像集成电路，从研制到实际应用只花了 3 年时间。现代化的生产过程已成为科技的快速应用的过程，或者说，这种快速应用已成为生产的固有职能。

我们可以看出，当代科学技术与近代科学技术相比已显示出了许多崭新的特征。正是这些重要特征，使得在一个多世纪前马克思恩格斯所处时代初显生产力属性的科学技术，已成为今天的第一生产力。那么科学技术又是如何从近代生产力系统中的一个重要因素、重要力量发展为现代生产力系统中的决定因素和"第一"力量的呢？

（二）"第一生产力"随时代变化而变化

在农业社会，由于当时生产力水平极其低下，人们征服自然和改造自然的能力很弱，所以人们的生活最初以从事采集自然界的天然产物为生活资料，然后又过渡到以捕捉和猎取自然界的动物为生活资料，最后进入依靠人力的原始农业经济。在农业社会，人们多居住在平原和河谷地区，因为要从事农业活动必须有农业工具及土地，而平原和河谷地区的土地容易获得，所以人们的活动空间就从山林移向河谷地带。到后来铁制农具普遍使用，水利事业有了发展，不少过去不能利用的泽卤之地也逐步被开辟为农田。在科技不发达、劳动工具也不先进的条件下，人们不可能在靠天生存的情况下提高农业亩产量，只有通过增加土地的数量来获取更多的粮食。当时由于农业是主要的也可以说是唯一的经济生活，没有制造业和商业，那么农业时代的第一生产力就是土地。在生产力三要素中，劳动资料成为决定生产力的因素。

　　人类社会经过漫长的封建社会，从农业时代过渡到工业时代，更多的人由从事农业劳动转向从事工业生产。他们从封建土地制度的关系中解放出来，从事资本主义的生产，将当时使用的动力由木柴改为煤，使矿业和工场手工业发生了较大的技术革命。在 19 世纪最后 30 年，西欧资本主义国家发生了工业革命，实现了以蒸汽机为动力的机器生产，替代了落后的手工劳动，机器成为大工业特有的生产资料。在工业时代的三次生产力革命中，每一次革命都使机器得到了更新，由蒸汽机到电动机，再发展到自动化装置代替手操纵工具，而且新机器的使用使社会生产、生产过程的社会化发生了质的飞跃，并直接提高了生产力。机器的广泛使用使劳动过程发生了重大变化，使企业相互联系起来，形成社会化大生产。马克思认为"机器的使用是以自然力来代替人力，以自觉应用自然科学来代替从经验中得出的成规"，"劳动过程的协作性质，现在成了由劳动资料本身的性质决定的技术上的必要了"。① 机器的使用提高了工人的劳动强度，提高

---

① 马克思. 资本论第 1 卷 [M]. 北京：人民出版社，2004：423.

了生产率，并使生产方式不断得到了完善。由于机器使用的范围不断扩大，机械化的大生产也引入农业中，因而使农业摆脱农业时代靠天吃饭的被动局面，提高了农业生产力。机器由于其自身的重要性使人们称工业时代为"机器时代"，成为了生产力中的核心部分。由此看来，机器成为生产力中最活跃的因素，也就是工业时代的第一生产力。

当历史进入 20 世纪末期，世界正日益强烈地感受到新的科学技术浪潮的涌动和冲击，知识经济的知识通过信息表现出来。信息产业成为一个新兴产业，已经受到各国政府的重视。人类将进入新的时代——知识经济时代。从生产力诸要素在国民经济增长中的所占比重来看，在 20 世纪初，经济增长主要依靠人力、物力和资金的投入，科技进步所占的比重并不大。但是进入 20 世纪下半叶，科技进步在发达国家中所占的比重已经比较大了，并开始超过其他投入逐步占据第一位。现代科学技术不只是在个别的科学理论上、个别的生产技术上获得了发展，也不仅仅是一般意义上的进步和改革，而是几乎在各个科学技术领域都发生了深刻变化，有了新的飞跃，产生了并将继续产生一系列新兴科学技术。科技迅速地发展正在把人类社会的生产力推到一个新的技术时代，也就是信息智能时代。信息智能时代就是人们所说的知识经济时代。在这个时代，一切以知识为基础，所有的财富核心都是"知识"，所有的经济行为都依赖于知识的存在。在所有的创造财富的要素中，知识是最重要的因素，现代科学技术的生产要素必须靠知识更新，靠知识武装。

科技对于劳动者来说，能让劳动者的结构向非体力、高度智能化的方向发展。单纯体力劳动者相对减少，脑体劳动结合并以脑力劳动为主的劳动者逐步增加；对劳动资料来说，工具的革新完全依赖于科技的发明和技术的革新；对劳动对象来说，则可利用科学的发明与新技术的发现来开发利用和保护自然资源。

我们完全可以说，没有现代科学技术，人类就无法进入知识经济时代。知识经济时代与农业时代、工业时代是完全不同的，至此，科技的重要性就越来越明显，而第一生产力也由农业时代的土地、工业时代的机器转到知识经济时代的科学技术了。

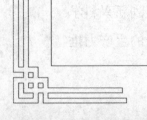

（三）现代科学技术对生产力的决定作用

科学技术在生产力基本要素中具有重要作用。作为生产力基本要素的劳动者、劳动资料、劳动对象及其相互关系，都受着科学技术的影响和制约。现代的高新科技成果应用于生产实践，必然会引起生产力各要素发生深刻变革，从而极大地提高人类征服自然、改造自然的能力。

1．现代科学技术对劳动者的影响

生产要素中第一位的是劳动者，劳动力是储存在劳动者体内的劳动能力，劳动力的载体是劳动者，所以说劳动者是生产力中最活跃、起主导作用的要素，劳动者的素质直接关系到生产力发展的速度。我们本身也是劳动者，劳动者的劳动生产活动随时都有可能在我们身上发生，这是大家所熟悉的。我们把一个劳动者内在结构抽象地划分为两个部分，一是躯体——硬件，一是大脑中的思想和掌握的科学技术知识——软件。用人的"硬件"和"软件"分别表示劳动者的两个主要的身体职能或机能，这样便于我们对劳动者劳动能力进行比较。如果从有人类文字记载以来或者有人类活动并留下有目的的活动的遗迹和残余物来看，人的躯体的大小、结构、体力、四肢和基本功能在近万年以来几乎没有大的变化，人类大脑的容量和结构也没有太大改变，大脑的机能已达到完善，四肢和躯体同样没有本质的改变，结论是人的"硬件"在近万年历史中没有什么大的变化。现代技术已经基本研究清楚人的大脑具有储存信息和科学知识进行各种思维活动的功能，而且随着人们掌握知识总量的上升，大脑的思维能力也在上升，但其基本的生物性质没有本质变化。劳动者大脑中掌握的科学知识和技术技巧是大脑运行和思维的内容，包括对事物运行基本过程和基本规律的掌握，对事物的认识和一些发展规律的判断和推理，构成了指挥人们行为的理论体系，认识、判断、推理、结论构成了人的思维过程。由这个思维过程指挥四肢和躯体从事具体的生产劳动，表现为体力劳动。当人们不需四肢付出艰苦的体力，而是依据头脑中的知识对客观事物的认识进行逻辑思维得出新的规律性的认识结论，或人们把生产行动方案或者计划传达给劳动执行者，这就是脑力劳动。大脑的思维是头脑中科学知识和技术技巧工作的过程，是"软件"运行的过程，思维的内容是科学技术和知识。随着科学技术知识的丰富和积累，人们通过语言、文字把科学技术知识一代一代积累下来，同时又从一个地方传播到另一个地方，形成了全人类的科学技术知识、文化思想和知识与思想的普及，也正是人类共同的逻辑思维创造出全球人类共享的文化、思想、科学技术知识，形成了人们劳动的"软件"。

劳动者具有劳动能力是由劳动者的"硬件"中装入了"软件"，二者结合起来共同承担劳动能力这个职能的。劳动者的"硬件"在近现代没有什么大的变化，其变化的是"软件"和"软件"的器官的能力。"软件"的变化是显著的，从人们掌握的知识量上，从人们所受的教育年限和内容上，从现在社会流行的信息量上，从人与人接触的频繁程度上，从人接触到的信息量上等都可以反映出人们头脑的科学技术知识内容和数量及深度都正在进行着深刻的变革和急剧地增加，有人用"知识爆炸"一词来形容知识的增长一点也不为过。若从人类掌握科学技术知识的角度看，人类掌握的科学技术知识呈指数级地增长，而且在总量增长时，其深度和广度上也是突飞猛进。与科学技术飞速积累相对应的人们改造自然、认识自然的能力也在迅速发展。典型的事例有人们对物质结构的认识，人们先是凭肉眼及躯体对物质结构进行认识，中国有著名的"金、木、水、火、土"五行说，随后人们认识到物质由分子构成，分子由原子构成。原子的性质和变化规律在化学元素周期表中充分地反映出来，对原子层次的物质有了认识。人们又凭借显微镜、电子显微镜观察到了分子、原子的存在和结构，建立了分子和原子理论。随着高能粒子的发现和应用，人们又认识到原子是由原子核和电子构成，其基本结构和运行规律也被发现，原子核是由质子和中子构成等，人们对物质结构的认识随着科学技术水平的提高和科技手段的发明在不断提高。直到今日人们不但认识了物质的结构和内在的层次，而且还可以应用这些认识，利用这些物质结构方面的知识，为人们提供更多的服务和各种物质，如核能源、基因工程、纳米新材料等都是科学技术进步直接给人们创造的福音。

实践证明，劳动者的科学文化、技术水平越高，他们的劳动能力就越强，在生产中发挥的作用就越大。在原始社会，人类主要进行采集和捕猎，由于没有专业化分工，就没有产业，所以智力作用不十分明显。但人类在那时掌握了取火技术，这在人类史上具有重大意义。它使人类摆脱了野蛮，恩格斯认为人类掌握并使用取火技术比蒸汽机的发明意义更大。进入农业社会后，农业和畜牧业技术的采用，使人类由对自然界的索取转变为对自然界的改造和控制。由于冶炼技术的发明，人类在生产中开始利用铁器，使生产力有了进一步的提高，并创造出剩余产品，其结果直接导致了手工业、商业、服务业的产生，并且在农业生产过程中，人类的智力也开始发挥作用，成为不可缺少的因素。劳动者在生产实践中运用智力总结出了技能和经验，只不过由于受当时条件的限制，未能产生更多的科技成果而已。人类逐步有了改造自然的能力，科技及智力在农业社会中已显示出一定的威力。

随着科学技术的进步，它又为农业社会向工业社会过渡提供了必要的条件。18世纪中叶的工业革命正得益于科技的进步，其标志就是蒸汽机的发明。蒸汽机的应用使纺织和许多重工业应运而生，工厂代替了手工工场，机器的应用几十倍甚至上百倍地提高了劳动生产率。工业生产中人的能动性和智力因素的作用要远远大于农业生产，而人的智力的作用又是通过科学技术来实现的，因为科学是推动历史前进的杠杆。劳动者在不断智能化，劳动资料在不断智能化，劳动对象也在不断智能化。任何人的劳动能力都是"体力和智力的总和"①。在原始农业时代，人类凭经验和技能生产。在手工劳动时代，劳动者的智能内容为生产经验和技巧；在机器生产时代，劳动者除了经验技巧外，还要有科学知识。由此可见，科技无论在哪个社会，都是不可缺少的因素，只不过重要程度不同而已，如果没有科技，人类就不可能进步。

现代科学技术的迅猛发展及其新成果在生产中的普遍应用，使生产过程的机械化、自动化程度有了空前的提高，进而使劳动性质、劳动内容等也发生了根本性的变化。在现代化的生产中，脑力劳动的地位和作用越来越突出、越来越重要，

---

① 马克思、恩格斯. 马克思恩格斯全集第 23 卷 [M]. 北京：人民出版社，1995：190.

所占的比重也越来越大，而体力劳动所占的比重则逐渐下降。与此相联系，产品的价值就不仅要看它的物质消耗，还要看它所凝结的知识和制造产品的技术水平，也就是说在物质产品中知识和技术的因素越来越重要。在这种情况下，就迫切要求提高劳动者的素质，努力掌握现代科学文化知识和先进技术，用新的劳动方式代替不适应现代化生产的传统方式，尽快实现劳动者自身的"现代化"，极大地提高劳动者的创造能力，充分发挥其内在潜力和劳动效能，从而形成一种新的、更高的生产力。

2. 现代科学技术对劳动资料的影响

科学技术对劳动资料尤其是生产工具的影响也很大。什么是生产工具？人们可能想到挖土的锹、挖掘机、笔、纸、计算机、打印机。人们从不同的生产行为中可以列出诸多生产工具。究其实质，生产工具是什么呢？首先人们感觉到它们基本都是一些实实在在的实物，其次是这些实物具有一定的功能，可以帮助人们进行生产，有的在人的指挥或操作下进行，有的可以在设计好的程序控制下自动进行。工具具有代替人减轻劳动者的劳动强度，增强劳动者的操作准确性和规范性，把劳动者的四肢延长，把劳动者脑力加强的功能。可以简单地说，凡是可以提高人的工作机能的物质都可以称为工具，或者说用于有目的认识世界改造世界的物质都可以是生产工具。生产工具的先进与否、生产工具能否改进与革新，对社会生产力的发展具有重要作用。生产工具越先进，社会生产力的水平就越高。因此，不断改进生产工具和创造新的生产工具，成为社会生产发展的客观要求和必然趋势，而在实践中要做到这点是绝对离不开科学技术的。尤其是以原子能、电子计算机和空间技术广泛应用为主要标志的现代技术革命推动着大批新技术领域迅速崛起，如信息技术、生物基因技术、新材料技术、空间技术等，其中由微电子、电子计算机、光纤维、激光组成的信息技术和以电子计算机为重要工具的现代控制技术，对生产的发展有着十分重大的意义。这些现代科学技术应用于生产，就可以创造出许多在结构、性能上具有新质的生产工具，从而为社会生产力的发展带来质的飞跃。

3. 现代科学技术对劳动对象的影响

过去很长时间，社会生产基本上是加工自然

界的"天然物质",人们对劳动对象的作用是认识不足的。随着科学技术和生产实践的发展,人类逐渐认识到劳动对象的重要性。特别是现代科学技术的迅速发展以及它和生产的紧密结合,劳动对象的作用更加明显地凸显出来。现在,人们通过现代科学技术的力量,可以创造出许多自然界不能直接提供的新材料、新品种,使人类对劳动对象的利用、开发不断向新的深度和广度发展。

可见,生产力的三个要素都是受科学技术制约的,科学技术对生产力有着巨大的推动作用。随着高科技的应用及其向现实生产力的转化,充分发挥科学技术作为第一生产力的作用,社会经济必将以前所未有的速度向前发展。

发展社会经济、提高生产力,必须不断调整、优化产业结构。技术结构的性质决定产业结构的性质,而技术结构和产业结构的性质对生产力系统的总体性质又起着决定作用。从历史上看,一种新产业的建立和传统产业的改造都和科学技术的进步分不开。每次用新的科学技术建立新产业和改造旧产业的结果,都出现了生产力的更大发展。现代科学技术应用于生产的重大成果,就是促使产业结构发生了深刻的变化,传统产业得到更新和技术改造，由当代尖端技术装备起来的新产业纷纷出现。新产业是以最先进的科技为基础的，是最新科技成果的产物，因此它往往是知识密集型和技术密集型的。在不同的产业中，每一项技术都不是单一的，而是由多种不同新技术组成的统一体。电子计算机、控制论、自动化等高新技术在生产上的应用，使得新产业的自动化水平极大地提高，在新产业部门内部机械化工艺的比重不断下降，自动化工艺技术的比重则大大上升；劳动者的直接劳动逐渐减少，机器人的劳动不断增多。微电子技术和信息技术的应用，使生产完全实现了自动化，这既能最大限度地发挥机器体系的生产能力，又解放了人的大部分体力劳动和部分脑力劳动。由现代高新技术装备、自动化程度很高的新兴产业所生产的产品在质量、性能和形态上都达到了当代的新水平，其生产高、精、尖产品的能力十分惊人，生产的高效率和高效益非常突出，这已成为当今世界的一种趋势。可见，现代科技在推动生产力发展和创造物质财富中作用巨大。

现代高新技术之所以成为生产力发展的强大动力，还在于它能改变落后的管理方式，实现经营管理的现代化、科学化。各个企业、各个部门要顺利实现生产的全过程和提高劳动生产率，就必须从现代工业发展的集中化、专业化、联合化的趋势出发，按照生产发展的客观规律，对整个生产进行预测和计划、组织和指挥、监督和控制、挖潜和创新。只有通过这种管理才能把生产中各个要素结合与调动起来，从而形成巨大的现实生产力。过去管理体制和管理方式陈旧、落后，严重地影响了生产的发展。一般情况下，管理水平和生产力的提高是成正比的，管理水平越高、越先进，生产的发展就越快，取得的经济效益就越大。特别是科技迅猛发展的今天，生产的社会化和自动化的程度空前提高，新兴产业不断涌现，企业规模急剧扩大，经济部门之间呈现出错综复杂的联系，劳动分工越来越细，协作关系更为密切，技术和产品更新的周期大大缩短，各国之间竞争十分激烈，市场情况变化多端，这些情况对经济管理状况提出了新的更高、更严格的要求。可见，能否提高管理水平，成为能否高速发展生产力的关键所在。

　　提高经济的管理水平，就是要在总结过去管理经验的基础上，把现代科技的新成果应用于管理工作，改革那些不适应生产发展的管理方式，把经营管理转到最新科学技术的轨道上来，从而实现管理工作的科学化和现代化。而要做到这点，主要是培养现代化的管理人才和解决现代化管理的科学理论、手段问题。对于管理人才的要求，列宁曾指出："要管理就要内行，就要精通生产的一切条件，就要懂得现代高度的生产技术，就要有一定的科学修养。"列宁提出的这四个"就要"是培养管理人才的标准。按今天的要求，这种新型的管理人才不仅要有现代化的思想和战略眼光，具有很强的进取精神，熟知生产经营活动的规律，更要有较高的"科学修养"和"懂得现代高度的生产技术"，即懂得和掌握现代化管理的科学理论和技术，从而达到管理专业化——内行、专家管理的要求和标准。在当代新的历史条件下，管理人员不懂、不掌握现代化管理的科学理论和先进技术，总是习惯用传统落后的方式进行管理，只能成为生产力发展的阻力。要使管理手段和方法发生一个质的飞跃，实现管理手段和方法的科学化、现代化，就要以现代先进的科学理论和技术——如控制论、系统论、信息论、运筹学以及电子计算机等技术为基础建立一整套的管理手段和方法。特别是电子计算机进入管理领域以后，对实现管理手段和方法的科学化起到了巨大的作用。电子计算机代替了人的部分智能活动，它具有高速化、自动化、准确化的特点，采用这种科学化、现代化的工具和手段，能使生产的目标、计划、组织、指挥、控制、调度、平衡、核算等经济环节达到最优化的管理，进而正确处理人、财、物、结构、信息、时间诸要素的关系，并围绕着提高经济效益这一核心，将每个环节和要素结合成一个有机联系的系统。这样就可以在经济形势复杂多变的情况下，更加充分地发挥每个环节、要素的功能和大系统的整体功能，以便取得发展生产力的最佳效果。

今天，电子计算机已普遍地应用于国家的经济管理中，许多国家已实现了管理工作的自动化、网络化。由此，奇迹般地增加了产品的数量、提高了产品的质量，并通过减少浪费、节约原材料和能源，创造了"新的生产力"。可见，只有把高科技成果应用于管理工作，实现管理人员的现代化、管理方法和手段的科学化、管理组织的高效化，才能带来社会生产力的巨大发展。

（四）科学技术从"生产力"到
"第一生产力"

"知识就是力量"的口号是由培根提出来的，在科学史和哲学史上都具有重要意义。培根的思想形成是有背景的，他比较重视科学，深刻认识到科学在历史上的作用，注意理论和实践的结合，积极倡导科学，并努力发展实验科学的方法论。关于培根思想形成的问题，沃尔夫在《十六、十七世纪科学技术和哲学史》中已有论述，"培根之前不久进行的地理发现旅行和作出的实用发明给他留下深刻的印象。他认为，印刷术、火药和磁罗盘的发明'改变了全世界的整个面貌和事态'。给他特别深刻印象的是哥伦布发现新世界和他同时代的伽俐略用望远镜揭露了新的景象。培根还亲自作出实用的发明和发现一个新世界，至少是一个'新的理智世界'。为此，他提议找出当代学者的缺陷，详细制订关于协同研究的新方法的计划，这些新方法能够导致真正的知识和实用的结果。"① 这段话深刻论述了培根思想形成的背景，具体阐明了哪些科学发明和发现，给培根留下特别深刻的印象，还探讨了培根致力研究科学方法论的原因。

培根认为，传统学术的毛病，主要是依赖几本古书，反复对其内容进行修补，不注意研究事物本身。许多经院哲学家就是这样做的，他们围着几个作者转，编织着学术的"蜘蛛网"，编织的网令人赞叹，但是是空洞的或无益的。培根反对经院哲学家，也反对怀疑论者，他指出，我们读书也不能像怀疑论者一样，只是去反驳和驳倒，而应去权衡和思考。培根重视科学，认为科学有一种力量，因此他竭力主张"人类知识和人类权力归于一"②，宣扬"知识就是力量"，认为利用知识可以为人类谋利益，可以驾驭自然现象。他反对巫术和占星术，认为这些神秘的操作不能制服自然现象，也不能造福人类，只有认识自然现象的特征和规律，遵守和服从这些特征和规律，才

① 亚·沃尔夫. 十六、十七世纪科学技术和哲学史 [M]. 北京：商务印书馆，2011：707.

② 培根. 新工具 [M]. 北京：商务印书馆，1984：8.

能改造自然，造福人类。

那么怎样才能获得科学的知识呢？培根认为：首先要摆脱成见，其次要采取正确方法。谈到成见或偏见，主要有四种：一是种族假象，由种族天性的缺陷造成的；二是洞穴假象，由个人特点的差别造成的；三是市场假象，由交际词语选择不当造成的；四是剧场假象，由哲学教条和错误证明规则在人们心中造成的。培根的四假象说揭露了经院哲学违反经验、曲解自然、崇拜古代、追求虚构的实质，解放了人们的思想，促进了科学和哲学的发展。谈到方法，主要是实验方法和归纳方法。培根主张把经验和理性结合起来，把仔细的观察和正确的推理给合起来，既不要像经验主义者如同蚂蚁那样，只会堆积，不能消化；也不要像理性主义者那样，如同蜘蛛只会吐丝织网。而应像蜜蜂那样，采花酿蜜，进行加工，把感性与理性结合起来。如何能像蜜蜂采花酿蜜呢？就要采取科学的方法，科学的方法必须从系统的观察和实验开始，达到普遍性有限的真理，再从这些真理出发，通过逐次归纳，达到更广阔的概括，形成更普遍的真理。

培根不仅研究了认识真理的科学方法，而且

也接触到了真理标准问题，这个标准是和"知识就是力量"的论断密切联系在一起的。他认为，在哲学中，实际的效果不仅可以改进人类福利，而且也是真正的保证。真理的确定由效果证明，科学的价值也由其效果确定。能造福人类、认识自然，就是科学的认识，就是真理。这一观点，差不多已经接近把实践作为检验真理的标准了。为了形象说明"知识就是力量"，培根还撰写了另一著作《新大西岛》。在这个岛上，他企图建设一个理想社会。这个理想社会实质上是科学技术高度发达，从而促使生产发展、经济增长、生活富裕的资本主义社会。在理想社会里，掌权的是具有科学技术知识的人。这是"知识就是力量"这一口号在政治上的具体运用。

培根的"知识就是力量"的口号，影响数百年，对资本主义社会的发展起了促进作用。数百年来，资本主义社会之所以创造出巨大的物质财富，使生产力以前所未有的规模发展起来，主要是蒸汽机和新工具把旧的工场手工业变成大工业，这也和"知识就是力量"的口号有密切关系。当然，这一口号还有局限性，一是泛指知识和力量，还未能把科学技术与生产力联系起来；二是夸大知识作用，似乎有了知识就有了一切，就可以支配一切；三是抽象地谈知识，不了解只有在实践基础上产生的科学知识，只有为劳动人民及其知识分子所掌握的科学知识才能真正成为改造自然、改造社会的现实力量。培根提出"知识就是力量"以后，法国启蒙思想家狄德罗等对技术的作用有了进一步认识，狄德罗认为技术就是为同一目的动作所需要的各种工具和规则体系，技术有重要作用，不仅是向自然界作斗争的武器，而且是进行社会斗争的武器，掌握技术的工人是革命阶级的主要依靠力量。又经过近百年实践，资本主义制度有了很大发展，资本主义社会的科学技术有了长足进步，科学技术在生产发展中的作用日益强大和明显，只有这时，也只有这时才能提出"科学技术是生产力"的观点。

马克思、恩格斯关于"科学技术是生产力"观点的提出，与大工业生产所表现出来的改造自然的伟大力量，与自然科学所表现出来的提高生产的伟大力量，与马克思主义唯物史观的创立有密切关系。马克思、恩格斯密切注意科学的发展，对每项重大的科学发展都进行过一定的研究，并进行深刻的评论。马克思、恩格斯还密切注意科学推动技术的发展，特别重视科学技术在生产中的应用，对技术的应用作出科学的评价。自然科学和技术对马克思、恩格斯的影响，主要通过两个方面：一是通过自然辩证法研究。为确定辩证唯物主义的自然观，马克思和恩格斯分别研究了数学和各门自然科学，其研究成果主要在《数学手稿》、《自然辩证法》和《反杜林论》等著作中。二是通过工业革命。科学技术对工业革命影响很大，工业革命实际上是科技成果在生产上的广泛应用的结果，科学技术通过工业革命对社会产生重大影响。工业革命的突出表现是机器的应用，马克思、恩格斯对机器及其作用的研究，直接和间接地认识了科学技术对生产的作用。这方面的研究成果具体体现在《机器。自然力和科学的应用》、《资本论》、《1844 年经济学哲学手稿》、《英国工人阶级状况》等著作中。

马克思在《政治经济学批判》手稿中，明确提出科学是生产力的观点。他说："同价值转化为资本时的情形一样，在资本的进一步发展中，我们看到：一方面，资本是以生产力的一定的现有发展为前提的，——在这些生产力中也包括科学。"① 马克思不但提出生产力中包括科学的观点，而且进一步对科学这种生产力进行分析，指出机车、铁路、电报、走锭精纺机等，都是人类劳动的产物，是"物化的知识力量"②，并说："固定资本的发展表明，一般社会知识已经在多么大的程度上受到一般智力的控制并按照这种智力得到改造。"③ 马克思在论述科学是生产力时，区分了直接生产力和一般生产力。直接生产力是一般生产力的物化，当科学知识尚未进入生产过程，尚未物化为直接的劳动要素时，它是以知识形态存在的一般生产力。而当科学一旦转化为劳动者的劳动技能和物化为具体的劳动工具时，便随着劳动力和劳动工具直接进入生产过程，转化为直接生产力。无论是直接生产力还是一般生产力，都离不开科学，不是以科学形态存在，就是科学形态的物化。

① 马克思、恩格斯. 马克思恩格斯全集第 46 卷（下）[M]. 北京：人民出版社，1995：211.

② 马克思、恩格斯. 马克思恩格斯全集第 46 卷（下）[M]. 北京：人民出版社，1995：219.

③ 马克思、恩格斯. 马克思恩格斯全集第 46 卷（下）[M]. 北京：人民出版社，1995：219—220.

与马克思差不多同时，恩格斯在 1843 年年底写的《政治经济学批判大纲》中，在谈到计算生产费用时，也提出科学是生产力因素的观点。恩格斯认为，劳动中包括了科学发明和精神因素在内，因为这些因素没有使资本家花费钱，所以资产阶级经济学在计算生产费用时，总认为"科学与他无关"，不重视科学因素在生产劳动中的作用，这是不对的。在一个合理的社会制度里，精神要素要列入生产要素中，科学工作也在物质上得到报偿。

不久，在 1844 年，马克思在批判普鲁东唯心史观时，进一步分析科学与生产力的关系，深刻指出科学技术成就决定着生产力的发展。在具体分析英国工业生产率的迅速提高时，马克思认为关键是英国广泛应用了科学技术。他列举材料加以论证：在 1770 年，大不列颠联合王国的人口是 1500 万，其中生产人口 300 万。当时技术成就的生产力大约相当于 1200 万人的生产力，因此生产力的总额是 1500 万，所以生产力和人口的比例是 1∶1，而技术成就的生产率和手工劳动的生产率的比例是 4∶1。在 1840 年，人口没有超过 3000 万，其中生产人口是 600 万，但当时技术成就的生产率已达 6.5 亿人的生产力，和总人口的比例是 21：1，和手工劳动生产率的比例是 108：1。可见，英国社会中一个工作日的生产率在 70 年间增加了 2700％，即 1840 年每天所生产的是 1770 年的 27 倍。这说明在这个时期，新的生产力主要是靠科学技术成就获得的，也说明生产过程成了科学的应用。

马克思在他的《1861—1863 年经济学手稿》中，专门研究了机器和科学的应用，科学地分析了蒸汽、机械、电、化学等科技成果对生产力的促进作用，深刻指出："科学的力量也是不费资本家分文的另一种生产力。"① 这里所说的生产力，不仅是"知识形态的生产力"，而且包括直接的生产力。因此，只说马克思、恩格斯把科学技术当作知识形态的生产力，而不是直接生产力是不够的。

纵观全局，马克思、恩格斯不但认识到科学技术是知识形态的生产力，而且分析了知识形态的生产力向直接生产力的转化，还初步认识科学技术包含在生产过程中，包括在固定资本中，实

① 马克思. 机器。自然力和科学的应用 [M]. 北京：人民出版社，1978：190.

际上已是直接的生产力的有机组成部分。

可以清楚地看出，在马克思主义的理论体系中，贯穿着这样一个思想，即科学技术是生产力，是历史上起推动作用的革命的力量。这是马克思、恩格斯经过长期理论研究，运用辩证唯物主义和历史唯物主义考察科学技术及其社会作用提出的重要观点。

在马克思、恩格斯对科学技术是生产力这个思想的基础上，列宁进一步深化了科学技术是生产力的观点。列宁一方面强调资本主义制度下科技进步的阶级实质，另一方面强调社会主义制度下科技进步的巨大作用。

列宁所处的时代正是自由竞争的资本主义向垄断资本主义过渡的时代，是资本主义发展到帝国主义的时代。在这个时代，科学技术与生产力发展和阶级利益的联系更加紧密。科学技术本身虽然不具有阶级性，但利用科学技术总要受到阶级利益和社会制度的制约。在资本主义制度下，科学技术仍在进步，因为不进步，资本家就可能在商品竞争中失败或破产。但决定是否利用科技成果为发展生产力服务，则取决于是否有利于资产阶级牟取高额利润。列宁举了一个真实的例子，美国的欧文斯发明了一种能够引起制瓶业革命的制瓶机。德国制瓶工厂主虽然买下了欧文斯的发明专利权，可是却把这个发明搁起来迟迟不用。垄断不会消除竞争，而是与竞争并存，只要有竞争，就会迫使资本家改良技术，采用新技术，以降低生产成本，提高利润，从而在竞争中战胜别的资本家，最终的结果是促进了科技进步。所以列宁也说："资本主义不可能有一分钟停止不动。它必须不断地前进。"[①] 帝国主义时代，资本家对科学技术既起阻碍作用又起推动作用，这种矛盾状态，伴随着资本主义的发展，时起时伏，时尖锐时缓和。总的趋向是，科技进步总是打破垄断的桎梏，不断推动生产力的发展。这种倾向，伴随现代科技革命的发展，越来越明显，这也是垄断资本主义又获得一些活力的主要原因。

十月革命后，列宁在建设社会主义时期，为了提高劳动生产率，发展社会主义经济，体现社会主义制度的优越性，非常重视科学技术的作用。他深刻指出，只有社会主义才能真正发挥科学技术的作用。所以他说："只有社会主义才能使科学

---

① 列宁. 列宁全集第 20 卷 [M]. 北京：人民出版社，1960：145.

摆脱资产阶级的桎梏，摆脱资本的奴役，摆脱做卑污的资本主义私利的奴隶的地位。只有社会主义才可能根据科学的见解来广泛推行和真正支配产品的社会生产和分配，也就是如何使全体劳动者过最美好、最幸福的生活。"① 为什么这样呢？这是由资本主义和社会主义制度本质特征决定的，因为资本主义生产的目的是获取利润，而社会主义生产的目的是满足人民生活需要。列宁为了强调科学技术的作用，甚至明确提出："共产主义是苏维埃政权加全国电气化。"在列宁看来，只有当国家实现了电气化，为工业、农业和运输业打下了现代化大工业的技术基础的时候，才能取得最后的胜利。由此也可以断言，只有苏维埃政权充分同现代科学技术相结合，才能实现社会主义的现代化，从而向共产主义过渡。列宁强调要充分利用科学技术进行社会主义建设，为此不惜利用资本主义遗留下来的全部文化，用来建设社会主义，为此要尽全力取得全部科学、技术、知识和艺术以建设共产主义社会的生活。

列宁认为，社会主义靠什么最终战胜资本主

---

① 列宁. 列宁全集第 27 卷 [M]. 北京：人民出版社，1960：385.

义呢？靠劳动生产率的提高，靠生产力的发展，社会主义不创造比资本主义更高的生产力和劳动生产率，就不能使社会主义制度取得胜利，也不能战胜资本主义。他说："劳动生产率，归根到底是使社会制度取得胜利的最重要最主要的东西。资本主义创造了在农奴制度下所没有过的劳动生产率。资本主义可以被最终战胜，而且一定会被最终战胜，因为社会主义能创造新的高得多的劳动生产率。"①

新中国成立后，毛泽东、周恩来、邓小平等领导人都很注意生产力问题。1956 年，我国农业合作化和资本主义工商业改造进入高潮时，周恩来在《关于知识分子问题的报告》中，就很重视科学技术和知识分子在社会主义建设中的作用。为了发展科学技术，提出制订全国 1956—1967 年科学发展远景规划的任务。通过尊重知识分子，制订科技规划，积极发展科技，推动生产力发展，促进社会主义建设。

邓小平关于"科技是第一生产力"的思想，有一个历史发展过程。这一过程表现出邓小平对

① 列宁. 列宁全集第 37 卷 [M]. 北京：人民出版社，1960：18—19.

科技与生产力关系的认识同中国社会主义实践紧密联系,随着建设有中国特色社会主义理论的完善而完善。它大致经历了起始、发展、成熟三个阶段。

早在1952年9月政务院的工作会议上,邓小平就指出:"科学研究是一项基本建设,在这方面的投资就叫基本建设。"这种把科学研究纳入国民经济建设的见解,显示出科学与生产力一体的认识特点,我们可以把它视为邓小平"科技是第一生产力"思想的起始,它表明邓小平同志早在我国社会主义改造时期,就在国家建设的意义上定位思考科学研究工作。

1975年,邓小平主持中央日常工作,不仅对科学技术发展作出一系列指示,而且对科技战线的领导进行必要的整顿。在邓小平同志的领导和支持下,胡耀邦等制定了《中国科学院工作汇报提纲》,进一步明确提出了"科学技术是生产力"的科学论断。1975年9月26日,邓小平在听取中国科学院工作汇报时,肯定了《汇报提纲》中关于"科学技术也是生产力"的观点,并强调指出:"科学技术必须走在国民经济的前面。"这就为社会生产力的发展提供了强大的理论武器,为国民经济的发展指明了前进的方向。十一届三中全会后，随着党的工作中心转移到社会主义建设上来，邓小平从认识中国的国情开始，从建设有中国特色的社会主义出发，反复强调发展生产力的伟大作用和意义，并再三强调科学技术是生产力，四个现代化的关键是科学技术现代化。这些观点的逻辑发展，必然导致提出"科学技术是第一生产力"的科学论断。

1978年3月18日，邓小平同志在全国科技大会开幕式上重申了"科学技术是生产力"这个马克思主义观点，并提出"中国的知识分子已成为工人阶级的一部分"。他根据第二次世界大战以来，科技领域发生的深刻变革和一系列新兴科学技术产生的新事实，重新阐明了"科学技术作为生产力，越来越显示出巨大的作用"，"科学技术正在成为越来越重要的生产力"的思想。邓小平同志这次讲话成为新时期全国科技工作的理论基础和行动纲领，也标志着他关于科技与生产力关系的思想进入到第二个阶段。从生产力的角度看科技，从国民经济发展角度看科技的思想特征，已明确无误地崭露出来。1978年以后，特别是科技体制改革以来，邓小平对科学技术在中国建设中的关键作用讲的次数增多，他反复强调科学技术已经成为越来越重要的生产力，提醒全党对科学技术的重要性要有充分的认识。他认为："实现人类的希望靠科学，第三世界摆脱贫困靠科学，维护世界和平也要靠科学。中国要发展，离开科学也是不行的。"1988年9月12日，邓小平在一次听取汇报的会议上说："马克思讲过科学技术是生产力，这是非常正确的，现在看来这样说可能不够，恐怕是第一生产力。"1992年春，邓小平视察南方时又一次重申了"科技是第一生产力"的观点，他说："经济发展得快一点，必须依靠科技和教育。我说科学技术是第一生产力。近一二十年来，世界科学技术发展得多快啊！高科技领域的一个突破，带动一批产业的发展。我们自己这几年，离开科学技术能增长得这么快吗？要提倡科学，靠科学才有希望。"邓小平同志在这些谈话中，明确提出了"科学技术是第一生产力"，并从生产力要素、现代社会生产的先导因素和动力基础、国民经济增长点等方面给予了说明。这标志着"科技是第一生产力"观点的成熟，并体现了马克思关于"科技是生产力"思想与当代中国社会主义进程相统一的理论特色。

　　邓小平关于"科学技术是第一生产力"的论断，不仅从质的方面肯定了科学技术在本质上属于生产力的范畴，而且从量的方面指出了现代科学技术在现代生产力诸要素中处于"第一"的地位。当然，这里讲的"第一"与我们以往关于生产力要素包括劳动者、劳动工具、劳动对象三要素的理解并不矛盾，它表示的是现代生产力的各个要素都有一个努力提高科学技术含量的任务。按照政治经济学的传统观点，如果用公式表示生产力三要素可写成：生产力＝劳动者＋劳动资料＋劳动对象。根据"科学技术是第一生产力"的论断，不少专家、学者认为现代科学技术与生产力诸要素的关系可写为：生产力＝科学技术×（劳动者＋劳动资料＋劳动对象＋劳动管理）。这个公式表明了科学技术作为第一生产力，不是作为排序上的第一项而与其他几项的简单加和，也就是说科学技术是生产力中的智能性要素，渗透于生产力三个实体要素之中，它可以转化为劳动者的知识和技能，物化于劳动资料之中，扩大劳动对象，转化为生产管理手段等。而且随着时代的进步，科学技术这个乘数会越来越大，这表明科学技术对生产力诸要素的作用会越来越大。从这个意义上讲，科学技术在生产力诸要素中处于"第一"的重要地位，它揭示了科学技术对当代生产力发展和社会经济发展的第一变革作用。

可以说，"科学技术是第一生产力"的论断，是邓小平创造性地运用马克思主义分析、研究当代科学技术和经济、社会发展的新经验和新趋势而提出的，是对马克思主义的重要贡献，代表着人类对科学技术认识的一次飞跃。这一论断突出科学技术不是一般生产力，而是"第一生产力"，揭示了科学技术在当代生产和社会经济发展中产生的巨大变革和推动作用，这是邓小平结合时代特征对马克思列宁主义关于生产力和科学技术学说的新发展，具有重大的理论意义与实践意义。纵观邓小平关于科技与生产力关系问题的认识发展过程，不难发现如下几个方面的认识特点。其一，邓小平的科技思想，始终与中国社会主义建设联系在一起，而不是单纯考虑科技本身，其价值取向是中国社会主义事业的发展、社会主义建设的发展。其二，是对科技的定位思考与中国社会主义理论与实践进程相一致，可以说"科技是第一生产力"思想的成熟过程，也是中国社会主义理论与实践不断走向成熟的过程。其三，以马克思主义的基本观点作为指导思想的理论基础，以人类实践为认识对象，以寻求中国发展道路为目标，进而形成"科技是第一生产力"观点，而不是拘泥于马克思的有关词句，或将马克思主义与中国社会主义实践相分离。

20世纪90年代以来，全球范围内以信息技术和生命科学为代表的知识经济浪潮迅猛发展，我国以"追赶性"和"后发性"为特征的现代化既面临着严峻的挑战——信息化和工业化的双重压力，又面临着难得的发展机遇——以信息化带动工业化，实现生产力的跨越式发展。以江泽民为核心的第三代领导集体高举邓小平理论的伟大旗帜，对科技在生产力发展中的第一位作用理论进行了进一步的深化和开拓。

1995年，江泽民在全国科学技术大会上提出，"创新是一个民族进步的灵魂，是国家兴旺发达的不竭动力。""科技创新已越来越成为当今社会生产力的解放和发展的重要基础和标志。"在江泽民为首的党中央领导下，1997年党的十五大正式将科教兴国确定为我国实现现代化的基本战略，将科技进步在我国经济建设中的地位落实到制度与战略性的层面。1998年，在庆祝建党八十周年大会上江泽民进一步指出，"科学技术是第一生产力，而且是先进生产力的集中体现和主要标志。纵观人类文明的发展史，科学技术的每一次重大突破，都会引起生产力的深刻变革和人类社会的巨大进步。""科学技术日益成为推动现代生产力发展的最活跃的因素，并且归根到底是现代社会进步的决定力量。""科学技术是先进生产力的集中体现和主要标志"的提出，进一步开拓和深化了邓小平"科学技术是第一生产力"的思想，从而把科学技术提到了判定先进生产力标准的新高度，强调当代人类社会生产力的先进性已经集中体现在科学技术的含量上，并以科学技术的含量作为主要标志。这标志着知识经济时代马克思主义的科技生产力思想走向成熟。

在提出知识经济时代科技生产力作用理论的基础上，江泽民进一步敏锐地揭示了科技发展在国际竞争中的地位和作用。他根据 20 世纪特别是"二战"以来，以电子信息、航天、新材料技术为主的众多高新技术取得突破的事实，强调指出："国际间的竞争，说到底是综合国力的竞争，关键是科学技术的竞争。"在要求各级领导干部要具有战略眼光上，他指出，"当今世界各国都在抓紧抢占科技、产业的最高点。我们必须顺应潮流，乘势而上。"并且，江泽民极大强调了人在促进科技生产力发展中的重要地位，他认为："科学技术人才是新的生产力的开拓者。充分调动广大科技人员的积极性、主动性和创造性，是解放生产力的前提。"同时，"发展我国的科学技术需要亿万群众的参与……为此，就必须把教育摆在优先发展的战略地位，努力提高全民族的思想道德和科学文化水平，这是实现我国现代化的根本大计。"

从马克思主义认识史的角度来看，江泽民的科技观点与邓小平的"科技是第一生产力"理论紧密结合，在结构上后者构成前者的逻辑基础，而前者是对后者的进一步升华。

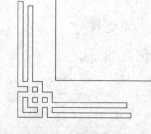

四、"科学技术是第一生产力"
实现的途径和条件

"科学技术是第一生产力"科学论断提出后，全国上下展开了广泛深入的讨论，对"科学技术是第一生产力"这一命题的含义，其科学性和真理性逐步取得了共识。然而，如果人们的认识停留在仅仅懂得为什么科学技术是第一生产力的道理上是远远不够的，而必须研究怎样才能使科学转化成为直接的现实的生产力。

我国正处于社会主义初级阶段，是脱胎于半殖民地半封建社会，又经过六十余年的经济建设和经济改革形成的社会主义市场经济阶段，科学技术水平还比较落后。我国科学技术在国际上技术领先的领域不多，特别是农业和工业的生产中应用科技水平还相当低下。我们的农业技术水平和工业技术水平决定了农业经济和工业经济处于低水平循环发展中，缺少国际竞争力。我们的农业刚刚脱离牛耕铁犁阶段，步入拖拉机耕种时代。虽然农业机械开始了大规模的应用，但是耕种技术水平及人均耕种面积和单产都低于发达国家，农村平均劳动力耕地数量与美国的相比较相差十几倍到几十倍。工业除了一些尖端工业和发达国家有一比，那些大众化产业，那些不涉及高科技的工业产业的科技水平都很低，几乎是资本主义中期的水平，远远落后于发达国家。我们国民教育又太注重应试教育，培养出的人实际动手能力较低，有一些人只会读书，实际操作解决问题的能力很差。我国人口多集中在东部沿海和中部地区，西部地理气候环境差，人口稀少；产业是东部发达，西部落后，资金也随人口集中在东部地区。资源总量不少，但人均资源量却很低，如石油、煤炭、淡水资源、耕地面积、森林及其他矿产资源人均都居世界下游水平。矿产资源特别是能源都集中在东北和西北地区，距集中需求区距离远，水利资源也存在地理分布与需求分布不一致的问题。再加上历史上形成的人们文化习惯等方面的差异,使中国的科技和经济在相对落后的状态下又有区域上的不平衡。

要想在这样一个相对技术落后、资源贫乏、人口众多的以农业为主的国家谋求发展,光靠市场机制本身,光凭个人和企业自由发展,那是不可能有成效的。只有充分发挥国家的制度、体制、国家财力及集中科技力量的优势,有重点、有计划,突出重要科技和经济关键点的发展,才能带动国民经济飞跃式发展。

(一) 提高人们的科技意识,
实现观念的转变

科技意识是指一定时期人们对科学技术发展状况,对科学技术的社会作用特别是科学技术在社会经济发展中作用的正确认识,在今天尤其是指对科学技术是第一生产力的认识。从总体上看,我国公民的科技意识还落后于世界科技发展的形势。分析其原因,首先从我国的现状来看,我们的整体文化科学技术水平还比较落后。科学技术相对落后，大量科技成果闲置，在人们心目中形成了一种"科技用处不大"的思想。其次，科学技术是第一生产力这个命题，相对于我国的现实情况具有超前性。邓小平提出的"科学技术是第一生产力"的论断，还不是对现阶段我国科学技术发展水平在生产力中地位的说明，而是纵观世界科技发展，对现代科学技术在新的工业革命中所发挥的巨大作用的科学概括。进入高科技时代，新技术革命的浪潮到来，当科学技术成为决定生产力、竞争力、经济成就以及综合国力的关键因素的时候，科学技术就跃升为第一生产力。

尽管我国的科学技术、经济文化同发达国家相比还比较落后，但是，我们正在进行社会主义建设的过程中，不能落后于时代，必须充分利用现代科学技术成果，强调科学技术的伟大作用。

（二）强化科技供体的再生产机能

科技供体是科学技术知识提供者的总称，它包括科研院所、高等院校的科研机构等，其核心是科技人员，他们是科技供体中科技发育的生长点。科技供体是科学技术理论的母体，是第一生产力的基础和源泉。离开了科技供体，第一生产力便是无源之水、无本之木。发达国家生产力水平高，首先是具有旺盛生命力的健全的科技供体。因此，强化科技供体的整体能力，增强它的再生产机能，是第一生产力得以实现的基础和前提。

科技供体再生产机能的强弱，提供科技成果的多寡，有赖于推动其发展的动力系统的工作状况。科技发展动力系统其动力可分为三种：一是人类，主要是科技工作者追求知识、探索未知、求解释疑，为实现验证自己科学信念而孜孜以求、艰苦探索的内在动力；二是解决科学内部所存在的矛盾，如理论与实践、继承与创新、不同学派间的争论等所形成的科学系统本身的系统动力；三是解决科学现有水平同社会对科学的更高需求的矛盾所形成的社会动力。

科技发展动力系统功能的发挥，离不开一定的环境，环境的优化与否，制约着动力的正常发挥。科学发展的环境包括两个方面：一方面是指对科学活动产生决定性影响的客观物质条件，包括社会的经济力量、资源状况、物质设备的数量质量、人才资源状况等，其综合体现是经济水平，直接指标是提供经费的数量，可称之为硬环境；另一方面是指对科学活动起约束和导向作用的各种因素，包括政治因素、意识形态、民族文化传统和价值观念等，其综合体现是科学的政策，核心是人们的价值观念、价值取向，可称之为软环境。这就是通过优化科技环境从而起动科技发展的动力机制，达到强化科技供体再生产机能的目的。

改革开放以来，我国经济建设有了很大发展，经济实力有了明显增强，科技活动的硬环境有了明显改善，但是由于我们的基础薄弱，国民生产总值仍属落后水平，国家用于科学活动的投资仍然很少。发达国家科学研究的经费占本国国民生产总值的 2.5%～3.4%，而我国仅占 1.4%。从绝对投入来看，日本几个大公司每年用于研究开发的经费，就几乎超过我国整个科学院系统全年的科研经费。因此，我们必须花大力气改善我国科学活动的硬环境，逐步增加科学活动的资金投入，逐步缩小与发达国家的差距。在努力改善我国科学硬环境的同时，我们要充分发挥自己的优势，优化软环境，以弥补一个时期硬环境的缺陷。

我们要制定更加合理、更加科学的科学技术政策，推进体制改革，增强全民科技意识，逐步建立起能激励科技人员的主动精神、探索精神、奉献意识的机制，真正形成全社会都尊重知识、尊重人才、崇尚科学的良好风气，努力创造一个人才辈出、人尽其才、才尽其用的良好环境，使我们的社会具有有利于科学发展的文化价值取向、价值观念，从而支持科学工作者对科学真理的追求，赞赏他们对科学的探索，提倡科学研究的奉献精神，奖励科学事业的成功者，同时宽容探索中的失败者等。

（三）增强科技受体的接受机能

与科技供体相对应，科技受体是指那些将科学技术知识带入生产实践过程、渗透到生产力各要素之中，使之转变成为直接的、现实的社会生产力，产生经济效益、社会效益、生态效益等的承担者的总称，主要是工业企业、农业以及其他各业的生产部门。科技受体是将科学变成直接生产力的场所。科技受体接受、消化、转化新的科学知识能力的状况是一定社会生产力发展水平的重要标志。和发达国家相比，我国的科技受体的接受功能也处于比较低的水平，科技成果真正转化成为生产力，在生产中推广应用的比例还很低。因此，增强科技受体接受新的科学知识的能力，是把我国现有的科学技术成果在更大程度上转化为现实生产力的重要一环。

首先，要提高劳动者的科学技术素质。我国现实生产力水平低，经济结构转换困难，大量的科技成果不能迅速得到推广应用，其中一个主要原因就是目前劳动者的科学技术素质比较低。而要想提高劳动者的科学技术素质，就必须大力发展教育事业：对新上岗的劳动者，必须要有与其工作相适应的科学技术素质要求，择优录用；对现有劳动者要有针对性的进行职业培训，这是日本、德国的成功经验。同时要建立鼓励劳动者追求新知识，钻研新技术、有创新精神的激励机制。

其次，要提高机器设备的科学技术含量。长期以来，由于我们的经济实力较弱，在经济建设上重外延扩大而轻内涵改造，固定资产折旧率低，设备更新速度慢等原因，使我国的工业企业总体设备水平不高。由于设备技术手段落后，我国工业企业的物耗、能耗和污染普遍高于发达国家。设备的落后，限制了新的技术成果的"物化"。这已成为科学技术转化为直接生产力的重要制约因素。因此，提高设备的技术含量，是实现科学技术第一生产力的当务之急。而要提高设备的技术含量，一是要鼓励技术改造，特别是用高技术改造设备；二是要大力引进、消化、吸收国外的先进技术设备；三是不断改造和完善现有的设备制造体系，使之生产出具有当代技术水平的设备。

（四）建立有效的转化机制

科技供体有了旺盛的再生产机能，科技受体有了良好的接受机能，还必须在二者之间建立起有效的转换机制，科学技术才能成为现实的、直接的生产力。这种转换机制可分为利益机制、市场机制等。

科学技术是特殊的精神产品，是有价值的。科学技术的价值既表现在创造科学知识要付出代价，又表现在科学技术能创造价值，因此要以利益机制为基础，遵循价值规律的客观要求来组织科研成果的转化，要把科研成果的数量的多少、质量层次的差异与科技人员的经济收益直接联系起来，改变过去那种科技人员主要靠兴趣进行研究，缺乏持久的与经济利益相联系的内在动力的状况，要鼓励科技人员从事科技成果的开发、将科学技术转化成直接生产力的工作，承认他们的劳动也是复杂的创造性劳动，改变那种认为转化工作较之研究工作属低水平、低层次的不正确观念。既要鼓励他们搞好新成果的开发，又要搞好现有成果的应用，还要搞好引进成果的吸收、消化、创新利用，要把转化工作带来的经济效益与从事开发工作的科技人员的个人经济收益直接联系起来。对于企业，则要赋予按照市场需要自主地决定采用新技术和开发新产品的权利。科学技术新成果的转化是一种创新，而创新往往就存在风险，要有鼓励创新的政策为企业分担这种风险。

在科学技术、经济社会一体化发展的商品经济条件下，要使科技第一生产力得到实现，必须在科技成果的生产、流通、消费等各个环节中引入市场机制，把市场法则和市场要素间的联系形式贯彻到科学技术体系运行之中,让科学产品作为商品进入技术市场,通过交换(转让),由属于研究领域所有转入生产领域所有,再由生产领域将科学产品纳入生产过程,推进物质产品生产,使物质产品在质量上产生飞跃,同时把购买科学产品的价值转移到物质产品中去,成为物质产品价值的一个组成部分,使物质产品升值。

五、"科学技术是第一生产力"
的重大意义

（一）"科学技术是第一生产力"
的认识意义

科学技术是第一生产力。邓小平的这个科学论断是马克思主义理论和当代社会实践相结合的产物，是对现代科学技术和生产力乃至经济、社会发展关系的新概括，代表了人类对科学技术认识的第三次新飞跃。

第一，这个论断是对科学技术本质认识的飞

跃。在理论界，由于社会变革等方面的原因，长期以来，并未关注马克思关于科技是生产力的理论观点。甚至苏联理论界一直把科学看作是"社会意识形态之一"，"社会上层建筑"的组成部分。直到1961年苏联在谈长期发展纲要时，才把科学排除在上层建筑之外，并宣称"科学的所有领域日益形成直接的生产力"。苏联理论界的观点，对我国有直接的影响，再加上在相当长的一段时间内，"以阶级斗争为纲"，关于马克思主义所主张的科技是生产力的观点并未引起关注，甚而被认为是"唯生产力论"、"科技决定论"似的错误观点，并加以批判。邓小平重新提出了马克思主义这一重要的理论，是对科学技术本质认识上的一次飞跃。

第二，这个论断是对科学技术社会功能认识的飞跃。恩格斯说过，科学在历史发展中具有推动作用，科学是历史发展中的革命力量。科技是人认识自然的一个标志，又是控制自然、改造自然的起点和手段。新中国成立后，科技事业在中国得到了蓬勃的发展，中国科技事业全面进入了现代化发展时期。由于特殊的国际环境，我国科技发展选择了以国防安全为主要目标的方针，它的最高成就的标志就是尖端科技成果"两弹一星"。1978 年科学大会上提出"科技是生产力"的历史意义，就在于它开启了中国科学技术事业从国防动力向经济动力的转变。

第三，这一论断是对科学技术的哲理求索到发展国计民生认识的飞跃。在 1956 年以后，毛泽东也曾关注过发展社会生产的问题，由于各种原因，毛泽东更多地还是关注社会问题、政治问题。尽管在"文化大革命"前，他也曾谈到"科技这一仗一定要打好"，"要以革命精神来搞科学技术工作"。但他谈科技的重要多是从两大阵营对峙战略发展的角度或从上层建筑→生产关系→生产力逻辑推理的角度来关注的。后来，他与科学家多次谈科技问题时，更多的是从哲学的视角，从认识论的视角来谈自然科学。如说到日本科学家板田的文章时说，基本粒子、电子是可分的，宇宙从大、小方面都是无限的。他还引用了庄子的一句话："一尺之棰，日取其半，万世不竭。"可见，毛泽东更多的是从宇宙、从全球视野来看科学问题的。而邓小平面对的是人民的生计，是国民财富的增长，是探索中国富强之路，他的逻辑是人民的衣食住行，是生产力的发展，是科技对生产力发展的推动作用。这是从形而上走到形而下，从天上翱翔的哲理成为落在地上运行的物体。

第四，这一论断是对社会发展动力认识的飞跃。马克思主义的基本原理之一，即始终把阶级斗争看作是阶级社会里社会发展的直接动力，看作是社会变革的巨大杠杆。这一原理的正确性已被历史所证实。然而对这一原理绝对化理解的结果，导致了人们对科学在历史发展中的作用并不理解。恩格斯说："在马克思看来，科学是一种在历史上起推动作用的、革命的力量。任何一门理论科学中的每一个新发现——它的实际应用也许还根本无法预见——都使马克思感到衷心喜悦，而当他看到那种对工业、对一般历史发展立即产生革命性影响的发现的时候，他的喜悦就非同寻常了。例如，他曾经密切注视电学方面各种发现的进展情况，不久以前，他还密切注视马赛尔·德普勒的发现。"[①] 可见，马克思对科学在历史发展中的作用，给予了极高的确认。中国共产党经过 28 年的阶级斗争的最高形式——战争，夺取政权，而后利用政权的力量对生产资料私有制进行

---

① 马克思、恩格斯. 马克思恩格斯选集第 3 卷［M］. 北京：人民出版社，1995：777.

了社会主义改造，确立了社会主义公有制社会。社会主义公有制确立以后，社会矛盾已发生转化，应以发展社会生产力作为中心任务。在发展生产力的动力问题上，毛泽东仍想以"抓革命，促生产"、"群众运动加阶级斗争"的模式促进社会生产力的发展，不理解科技已成为一种在历史发展上起推动作用的、革命的力量。邓小平关于"科技是第一生产力"的观点，关于"要实现现代化，关键是科学技术要能上去"的观点，关于"四个现代化，关键是科学技术的现代化，没有现代科学技术，就不可能建设现代农业、现代工业、现代国防，没有科学技术的高速度发展，也就不可能有国民经济的高速度发展"的观点，实现了人们在社会发展动力上认识的一次飞跃。其意义在于使中国走向文明富强之路。

第五，这一论断也是对科学技术人员阶级属性认识的飞跃。邓小平说："承认科学技术是生产力，就连带要答复一个问题：怎么看待科学研究这种脑力劳动？……从事科学技术工作的人是不是劳动者呢？"还说："科学技术叫生产力，科技人员就是劳动者！""要把'文化大革命'时的'老九'提到第一，科学技术是第一生产力嘛，知识分子是工人阶级一部分嘛。"这个重要结论，涉及知识分子的阶级属性问题，涉及科技人员的劳动是生产劳动还是非生产劳动，科技人员是生产劳动者还是非生产劳动者，科技人员是参与了物质财富生产、生产了剩余价值，还是占有了他人的物质财富、占有了他人的剩余价值等重大问题。从邓小平的论述来看，科技人员也参与了创造剩余价值。可以说这个理论观点，结束了我们党长期以来在知识分子的阶级属性上将其归为"小资产阶级""资产阶级"范畴的"左"的观点，为我们在新时期充分发挥知识分子的作用，确立了政策的理论基础。

（二）"科学技术是第一生产力"的实践意义

从实践上看，"科学技术是第一生产力"论断的提出，不仅对我国经济建设具有重要意义，而且对我国社会政治生活、社会思想、精神文化等都将发生重大而深远的影响。这个论断向我们揭示了科技在生产中的重要作用，也向我们指明了第一生产力转化为社会产业部门的直接现实的生产力需要有一个复杂的过程，这对于我国的经济腾飞和民族振兴具有十分重要的实践意义。

第一，必须制定切实依靠科技振兴民族的发展战略，使经济建设转移到依靠科技进步和提高劳动者素质的轨道上来。当今世界国际竞争的现实表明，一个国家的实力从根本上取决于该国的生产力水平，而一国的生产力水平在当代又越来越从根本上取决于科学技术的发展水平。科技在综合国力中日益显示其决定性的作用。国与国之间的竞争，说到底是综合国力的竞争，关键是科技的竞争。党的十一届三中全会以来，我们党提出把工作重点从"以阶级斗争为纲"转移到"以经济建设为中心"之后，又及时地提出把经济建设的重点转移到依靠科技进步和提高劳动者素质上来。这实质上是党的工作重点转移的继续和深化，是科技作为第一生产力的客观要求。新中国成立以来几十年的实践从正反两方面证明了搞现代化建设不以经济建设为中心不行，而改革开放的新实践又证明以经济建设为中心、不依靠科技第一生产力也不行。

　　过去相当一个时期，我们是依靠人力、财力、物力的大量投入来发展经济，走的是一条"三高三低"（即高投入、高消耗、高成本，低产出、低质量、低效益）的粗放型经营的发展路子。尽管我国的经济有较快的增长速度，但毋须讳言，经济运行总体效益是不高的，低效益运行已成为经济致命弱点。粗放型、数量扩张型的经济增长方式在我国经济发展的初期可能是难以避免的，甚至还是必要的，但是当有了一定的基础之后，继续走这样的老路，就既没有必要也无法走通了。在我们这样一个人口众多、资源短缺的国度里，今后如果继续走粗放式的数量扩张型的道路，将会加剧在资源十分短缺的条件下经济发展不协调的现象，在日益激烈的世界科技、质量、效率竞争面前继续处于被动地位，进一步拉大与发达国家的经济差距。因此我们必须走依靠科技进步发展的路子，把速度与效益有机结合起来，推进经济增长方式从粗放型向集约型转变，这已成为当务之急。作为党中央提出的实现两个具有全局意义的根本转变之一，集约经营的本质特征是依靠科技进步，追求最佳的投入产出组合，在采用先进科学技术和先进科学管理的基础上，不断提高企业生产经营能力和劳动力素质，从而实现经济发展质量的飞跃，提高国民经济的整体素质，走出一条少投入多产出、低成本高质量、消耗少效益高的发展路子。这种由粗放型向集约型的经济增长方式的转变，实质上体现了科技是第一生产力的客观要求和内在作用，对增强我国经济的发展后劲，实现持续发展，进一步提高人民生活水平是极其重要的。

第二，必须坚持对外开放政策，加强同发达国家的经济技术合作，在对外开放上要把引进现代高新技术改造我国大型企业作为战略重点。科学技术是第一生产力，而我国却是一个科学技术落后的国家，要发展我国的生产力必须首先发展科学技术。当今世界是一个开放的世界，各国之间的科学技术交流越来越密切，任何一个国家要想在封闭的状态下发展科学技术已经是完全不可能的了。早在 1983 年，邓小平同志就指出："要利用外国的智力，请一些外国人来参加我们的重点建设以及各方面的建设。"又说："要扩大对外开放，现在开放得不够，要抓住西欧国家经济困难的时机同它们搞技术合作，使我们的技术改造能够快一点搞上去。"在经济技术落后的条件下搞建设，尤其需要开放和引进，并且在制定引进战略时，要以引进反映现代科技发展水平的高新科技为重点，以便促进我国重点产业的发展。

第三，必须加速科技体制的改革，促进科学技术的产业化。科学技术是第一生产力的论断，包含着科技是"初始"的生产力、有待于向社会产业部门生产力转化的含义，要使科技真正促进社会物质财富的增长，就必须使科技产业化。1991年，邓小平为"863"高科技计划工作会议题词"发展高科技，实现产业化"，足见其重要性。科学技术的产业化是一个复杂的系统工程，而其中完善科技体制是促进科技产业化的一个重要方面。目前我国科技体制存在的问题主要有：一是科技成果的社会价值未与科研人员的利益直接挂钩，导致科研人员和单位面向生产进行研究的积极性不够高；二是从事基础研究、应用研究和开发研究的人员比例不合理。据统计，目前美国企业中科研人员占全国总数68.5%，而同期我国企业中科研人员只占17.5%，绝大多数科研人员都集中在与企业相分离的研究机关中。以上原因导致我国大量的科研成果无法转化为直接生产力，因此，我们应当加速科技体制的改革，以便促进科研成果向现实生产力的转化。

第四，必须增强对科研和教育的投入和管理，提高社会整体科研能力。英国教育家斯宾塞强调："什么知识最有价值？一致的答案就是科学。"[①] 他把力学、物理学、化学、天文学、地质学、生物学、数学等列为学校的重要课程。进入 20 世纪后，科学已成为学校教育的主体内容，特别是自然科学的四大发现（相对论，原子结构和基本粒子的发现及量子力学，电子计算机的发明与控制论、信息论、系统论的创立，分子生物学特别是核酸分子的结构和遗传密码的发现）导致一系列高新技术在各个领域的广泛应用，随之而来的是大学教育新专业的开设、新学科的增设，基础教育对"新三艺"（数学、物理、外语）的重视与对新的课程体系的建构。当今，科学已成为人类现代生活、现代文明的基石，科学教育必然成为当今教育的首要内容。科技对教育的影响不仅在人才规格与课程结构、内容上，而且直接地影响着教育的形式，教育发展的进程，教育手段的变革与发展。新的教学媒体出现，已使教育进程中诸

①　斯宾塞. 教育论［M］. 北京：人民教育出版社，1992：43.

因素发生了质的变化。

　　教育活动与物质生产活动相比，它的基本特点是一种文化活动，是一种认识活动。就它对科学的意义来说，它可以传递传播科学，可以创新发展科学。教育是以科学为基础，以科学为媒介，以科学为实体的活动。当前大学不仅是传递科学知识的场所，而且，有些大学既是科研中心又是科学创新的基地。随着时代的发展，科学与教育的关系越来越紧密，两者互为依存、互相促进。

　　劳动力在生产力三要素中是最积极最活跃的因素，正是在这种意义上，邓小平才提出"四化"的关键是科技现代化，而"科学技术人才的培养，基础在教育"。教育是将知识形态的生产力转化为直接生产力的必经途径。教育是生产劳动力，生产劳动能力的生产，并非社会生产。生产劳动力的过程是"物"化为"智"的过程，是物质财富的消费，是科学知识——人的智能的生产；社会生产是劳动者将自己的劳动能力（智力和体力的总和）对象化在对象物上的过程，是智力和体力的消费，是物质财富的生产。教育真正呈现它的生产力功能的唯一标志是培养出适合时代需要的高质量的劳动力。

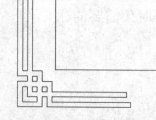

　　总之，科学技术第一生产力的形成及其向社会现实生产力的转化，都离不开大量的从事科研活动的高素质的人才，也离不开社会对科研的物质支持和宏观管理，而要做到这些就必须有社会对科研和教育的大量投入，必须努力提高社会整体科研能力。当然，由于我国经济基础不够发达，要想把科研和教育的投入提高到与经济发达国家相同的程度是不可能的。但是，国外的教育和科研经费占国民生产总值的比例远高于我国是值得我们深思的，这种状况是与我国对科学技术是第一生产力的认识不相符合的。我们应努力提高对教育和科研的投入，并加强对教育和科研的管理以及社会各层次上的协调工作，使有限的投入发挥出最大的效益，最大限度地提高我国的社会整体科研能力，必须大力发展科学技术这个第一生产力，并加速科学技术向现实生产力的转化，从而促进我国的经济腾飞和民族振兴。

六、第一生产力与
中国特色的社会主义

马克思主义历来认为，社会主义的优越性应该表现在社会发展和社会生活的许多方面，但最根本和首要的方面是经济发展，是社会生产力发展获得远大于其他社会制度所得到的推动力。今天，当科学技术成为第一生产力，并被马克思主义者科学揭示后，科学技术与社会主义，特别是与中国特色的社会主义之间的依存关系就更加清晰和重要了。

科学社会主义的理论与实践根源于现代资本主义社会基本矛盾。准确地说，是科学技术创造的巨大生产力同资本主义私有制利用科学技术的狭隘性之间的冲突及其结果。一方面，它调动科学、自然、社会结合和社会交往的力量创造出剩余劳动成果；另一方面，它却独占剩余劳动成果，造成社会的不公平和科技能力发挥的被遏制、被压抑。

科学社会主义思想的实现，必须具备两个基本前提：第一，消灭私有制。第二，科学技术的充分发展，社会生产力的极大提高。消灭私有制自不必说，社会主义本身就是非剥削制度的社会，而发展科学技术、发展社会生产力的意义在于只有科学技术的巨大发展，社会生产力的巨大提高，才能实现所有人的共同富裕，才能普遍减少必要劳动时间，增加剩余劳动时间，使劳动者有可能从事科学艺术、接受专业技能训练、培养丰富的个性的高级活动普通化、经常化，使他作为得以充分发展的个人而进入生产过程，结果又进一步提高了整个社会生产力。可见，要想实现社会主义的共同富裕、自由、平等、人的发展等价值目标，社会制度的变革和科学技术的充分发展两者缺一不可。如果不具备后一个条件，必然导致社会成员的严重两极分化。科学社会主义与空想的社会主义一个重要区别，就在于革命胜利后是否重视发展科学技术，创造高度发达的社会生产力。

列宁曾经说过，建立社会主义社会真正和唯一的基础只有一个，这就是现代化的大工业。如果没有高度发达的现代科学技术为基础的社会生产力，那就根本谈不上社会主义，而对于经济落后的国家来说更是如此。他把苏俄电气化计划称作"第二个党纲"，还提出随着革命战争的结束要把工作重心转向"国家建设方面的政治"。我们党在新时期继承、丰富和发展了马克思主义的上述科学思想，以经济建设为中心，坚持发展生产力，不断提高人民物质文化生活水平，这是党的基本路线的核心和实质所在。基于对世界经济发展的趋势的深刻洞察，邓小平又提出"科学技术是第一生产力"的论断，强调主要依靠科技进步和提高劳动者素质来发展生产力，这是以经济建设为中心思想原则的深化，是继工作重心向经济建设转移后的又一次同样具有战略意义的转移。我们应该从社会主义事业兴衰成败和中华民族前途命运的大局，深刻认识科学技术是第一生产力的论断对于建设有中国特色的社会主义的意义。社会主义必须创造出现代化的物质基础，必然创造出高于资本主义的劳动生产率和经济效益。社会主义制度不能长久停留在低生产力的发展水平上，在这方面，我国正面临着既要完成传统工业革命，又要迎接新科技革命挑战的双重任务，这些历史任务归结起来就是发展现代科学技术，并使之加速转化为现实生产力。

在当代，社会主义的前进和发展是在与资本主义制度的竞争的国际环境中实现的。在这种竞争中，经济实力是最为重要的，而科技水平则是制约经济实力的关键因素。"没有硝烟的世界战争"同经济、科技方面的实力较量互为条件，世界社会主义事业遭受严重挫折的重要原因，就是经济建设没搞上去，未能满足人民日益增长的物质文化生活需要，未能在经济发展的速度和效益方面充分显示出社会主义制度的优越性。这些失误，扭曲了社会主义形象，减弱了社会主义的吸引力，拉大了社会主义国家与资本主义国家在经济和科技各方面的差距。而我国自十一届三中全会以后，坚持以经济建设为中心，大力发展科学技术，在经济上取得了举世瞩目的进步，综合国力极大增强，这又充分说明，只有依靠科学技术发展生产力，才能有效地改变贫穷落后的状态，在综合国力的竞争中立于不败之地，社会主义的优越性也就能充分地发挥出来。如今，我国科技进步，经济发展，人民生活不断改善，亿万群众从生活中切身感受到社会主义的生命力和优越性，更加坚定了走具有中国特色社会主义道路的信念和信心，这是有中国特色的社会主义的强大感召力，也是"科技是第一生产力"这一科学论断所唤起的强大的历史推动力。我们相信，随着我国经济、政治、教育、科技等方面体制的改革和深入发展，随着科学技术第一生产力的地位和作用在我国经济发展和社会进步中的作用日益强大，我们在中国特色的社会主义道路上将越走越宽广，越走越坚定。

七、如何应对科学技术的负面效应

（一）科学技术产生的负面效应

科技的发展和应用彻底改变了人类的经济社会生活，为人类创造了如此辉煌的物质财富，从"知识就是力量"到"科学技术是第一生产力"的著名论断无不说明了这一点。科技是人类社会发展的直接推动力，一个国家和地区的发展离不开科技的创新与进步。科技的勃兴能够带动社会的快速发展，而科技的衰退也是导致社会停滞不前的根本原因。现代科技强则国力强，科技弱则国力弱，这条真理说明科技在某一方面代表着综合国力，是体现综合国力的重要标志。科技的新发现、新发明、新创造直接作用于与人息息相关的生活领域，可以促进人的生活质量的提高，有益于人的全面发展。无论是琳琅满目的商品还是人们出行方式的便捷、人居环境的改善等，这些都凝聚着科技的贡献。是科技改变了一切，让人们生活在一个繁荣和物质产品极度丰裕的世界里。然而科技给人类社会带来巨大福利的同时，也带来了副产物，即一系列的违背人类意愿的破坏性的负面效应。

首先，在人与自然关系中，随着人类科技的发展，人类驾驭和利用自然的能力越来越大，摆脱外界束缚的能力越来越强，当今的科学技术水平和经济规模对整个自然环境和整个地球构成了一种挑战，超出了自然生态系统的承受能力，并且威胁到了人类的生存。科技给人类带来幸福的同时，也给人类带来了巨大的威胁，形成关乎人类前景的全球问题：环境质量空前下降、能源枯竭、酸雨、森林破坏、水资源匮乏、海洋污染等，这已现实地威胁和制约着人类的生存与发展，自然资源与人类的矛盾在许多国家极为紧张，严重的人与自然的矛盾影响了人类社会的和谐发展。

其次，在人的社会交往关系中，科学技术的应用，带来了一系列伦理道德问题及影响社会公正的现象的发生。信息科学和生命科学的发展，提出了涉及人自身人格尊严、健康、遗传以及生态安全等伦理问题。

最后，科技发展给人类自身也带来了一些问题。现代科技的迅速发展和广泛应用，在有效提高人类的物质生活和精神生活水平的同时，也对人类的生理健康和心理健康带来一系列明显的或潜在的负面影响。

科技对人的生理的负面影响主要表现在：转基因食物和转基因器官移植等转基因技术的应用已经对人本身产生了直接的负面影响；克隆技术的不成熟及其本身很可能存在着固有的致命缺陷，对包括人类在内的所有动物的健康生存和成长构成了严重的威胁；人工合成化学物质已经对人类健康产生了严重的危害。1962 年雷切尔·卡逊在《寂静的春天》一书中，已经揭示了不少合成化学物质的致癌作用。她说："19 世纪末，已有六种工业致癌物质为人所知，20 世纪创造出了无数新的致癌化学物质，并且使广大群众与它们密切接触。"例如，著名化合物 DDT，因具有较强的杀虫作用而在第二次世界大战期间被广泛应用。因为它能够根绝由昆虫传染的疾病，并能帮助农民在一夜之间战胜田禾的虫害，其发现者因此获得1948 年诺贝尔奖。但在 20 世纪 60 年代，科学家们发现 DDT 在环境中非常难降解，并且可以通过食物链上的所有环节由一机体传至另一机体，最终在动物和人的脂肪内蓄积，甚至能通过母亲传给胎儿。另外，在大部分国家禁用这种杀虫剂之后，它在动物体内的含量却一直没有下降，并且在相对远离人类的南极企鹅、北极海豹的身上都检测出了 DDT 这种有毒物质。

科技对人的心理方面的负面影响主要有：对科技的过度依赖，将影响人们自身学习、创造等智力功能的发展和完善，而且容易使人产生脱离和逃避现实的趋向，影响正常的社会交往和情感沟通。另外，现代科技的加速化发展，在人群中引发了一种忧虑和焦躁的心理状态，引发身与心的分裂，发展下去可能导致人们不能忍受挫折、无法理性地判断事物，丧失了了解和掌握新知识新成果的信心以及思想和行为混乱等更为严重的心理病症。如进一步恶化，很可能演变为对科技的恐惧，害怕科技的发展或转变，担心自己无力追上和适应日新月异的科技发展。科技给人类自身带来的这些负面效应，严重影响了社会的稳定，不利于和谐社会的构建。

综上，科学技术在人与自然、人与社会、人类自身三大方面产生负面效应，不利于和谐社会的构建。我们要寻求这些负面效应产生的原因并尽力克服之，从而加速构建社会主义和谐社会的进程。

（二）科技负面效应产生的原因

如同世上任何事物都有两面性一样，科学技术作为人类文明的组成要素和内在原动力，对人类文明的发展起着巨大的促进作用，在人类文明的发展过程中有着不可替代的重要地位。现代科学技术更以前所未有的规模和力度，在人类生活的各个领域实现爆炸性的突破和进展。科学技术作为最高意义上的革命力量，作为第一生产力的重大价值和意义彻底凸显出来。然而，随着科学技术日新月异的发展，它的正面和负面的作用力均得到了显著增强。同时科技研究和应用规模的扩大，也极大扩展了其正面和负面效应的影响领域和范围。尽管科学技术的正面作用是主流，而引发的负面效应是支流，但是科学技术的负面效应是不可避免的。从客观上讲，不存在什么绝对安全的科技或者无公害的科技，其正面作用和负面效应是相伴而生的，就像任何药物既可以治疗疾病又会带来一定程度的毒副作用一样。毫不夸张地说，科学技术带来的诸多负面影响正在使人类承担着巨大的代价。无数事实表明，科学技术是把"双刃剑"，既可造福万代，又可能遗患无穷。另外，科学技术作为人类对自然规律的认识和运用，是一个不断发展充实完善的过程，同时还要受到研究的具体对象、研究方法、应用范围、价值域限等因素的制约。科学技术也只是相对真理，在各个发展阶段都不可避免存在一定的局限性，这是科学技术本身的原因。

社会因素也会产生科技负面效应，其主要表现在人类认识水平的局限，对利益的争夺和受人类社会发展程度的制约等。

首先，人类认识水平的局限。从认识论根源看，人们往往认为自己是自然界的统治者，而忽视了大自然中其他存在物，陷入人类中心主义之中，导致了人与自然之间的对立与不和谐。同时，人们滥用科学技术，在许多情况下是由于对客观世界的无知，这不仅是由于缺乏完整深刻的自然科学知识，更主要的是缺乏社会科学知识，对人类自身、对人与自然、对自然与社会的真实联系缺乏正确的认识，不了解科学技术应用带来的自然影响和社会影响，因而在行动上带有很大盲目性，也就难免产生社会负面效应。

其次，对利益的争夺。现代科技已不再是纯正中立的，它和政治、经济、军事、社会等因素牢牢结合在一起，这种结合促进了人类社会的进步。但也应该看到，一些个人、实业集团乃至国家，为了眼前的私利，肆无忌惮地滥用科技，以致产生了所谓的负面效应。主要表现在以下三个方面：第一，科技成果的既得利益者或科技资源的占有者，为了自身利益不顾其他社会成员的异议和反对而使用对他人或环境不利的技术手段进行生产；第二，不同的利益集团或地区为了扩大影响或提高效益和地位滥用各种技术；第三，世界各国为了本国的利益与安全，利用科学技术研制危害人类生存与发展的武器，如核武器、生物武器等。

最后，由于社会发展阶段的限制。处于社会主义初级阶段的中国，由于缺乏健全有力的道德监督、法律控制，受经济力量的制约，滥用科技成果的行为经常发生。另外，为了实现经济飞速发展，往往以牺牲资源、环境为代价换取经济的一时发展，导致了环境、资源等一系列问题。

通过分析，我们不难看出，科学技术发展的自身特点和人类本身的不当使用或滥用会给人类带来毁灭性的打击和灾难。在当今中国，如果对这些问题不加以遏制，将会严重影响我国构建和谐社会的速度和质量。

（三）消除科技负面效应的对策

科学技术负面效应产生的原因多种多样，解决的办法亦非唯一不变。应通过多种渠道，采用多种办法，标本兼治，加以消除。具体来说主要有以下几方面：

首先，要改变人的观念，提高人的素质，加强思想道德建设。"科学既是观念的财富，同时又是实际的财富。"人既是科学技术的发明者又是科学技术的应用者，因此人对科学技术的不同应用将对社会产生巨大影响。正面影响或者负面影响的产生全在科技应用者的一念之间。只有科技应用者将科学技术用于对人类生存发展有益的方面，才能推动社会文明的发展，因此提高全民科技应用素质是至关重要的。

第一，要树立科学发展观。党的十六届三中全会提出"坚持以人为本，树立全面、协调、可持续发展观"，这是党首次提出的新科学发展观。新的科学发展观基本内涵：一是全面发展，二要协调与可持续发展。所谓全面发展，就是要着眼于经济、社会、政治、文化、生态等各方面的发展；所谓协调，就是各方面发展要相互衔接、相互促进、良性互动；所谓可持续，就是既考虑当前发展的需要，满足当代人的基本需求，又要考虑未来发展的需要，实现"代际公平"，即子孙后代拥有与当代人相同的生存权和发展权，当代人必须留给后代人生存和发展必需的资源与空间。

科学发展观的核心是以人为本，这有三重含义：一是发展的目的是为了人，为了人的全面发展；二是发展要依靠人的力量和努力；三是要处理好人与自然的关系。

从科学发展观的内涵我们可以看到，科学发展观强调人与自然、人与人、社会与自然的协调、和谐发展，这与构建和谐社会的要求相一致。贯彻落实科学发展观是构建和谐社会的重要手段，只有坚持科学发展观，才能实现和谐社会的目标。

第二，提高人的素质，特别是要提高科技工作者的素质。科技工作者是第一生产力的开拓者，是社会主义现代化建设的骨干力量，是从事科学技术研究的主体因素。他们自觉能动作用的发挥程度，将直接影响科学技术的发展。这种自觉能动性的发挥，除了应具备必要的专业知识和其他素质之外，与科技工作者的道德品质密切相关。只有拥有高尚的道德情操和良好的道德修养，关心科技发展带来的自然后果和社会后果，唤起他们的高度社会责任感，自觉地参与协调发展的决策，不断地提高协调发展的能力，才能使科技朝着有利于人类社会进步的方向发展。同时，要提高科技使用者的素质。科学技术始终是由人发明和使用的。某些科学技术所产生的负面效应，主要由于人类对科技的滥用造成的，所以提高科技使用者的素质就显得很有必要。

第三，强化公民意识。构建和谐社会离不开公众的参与，和谐社会的目标和全体人民的根本利益完全一致，它内在地要求把和谐社会的目标转化为每个公民的自我意识，使每个公民明确自己对和谐社会的构建所应承担的责任和义务，以主人翁的态度投入到和谐社会的构建之中，使社会主义和谐社会的构建获得巨大的力量源泉。

要想解决科技的负面效应，还必须依靠政府的力量。科学研究及其运用都是在社会中进行的，而这一舞台的导演是各国政府，因此政府应该对应用后果负主要责任。具体来讲，政府应在科技产业政策、科研项目立项、科研项目资助范围、科技成果审查、科技成果管理与控制上起主导作用。政府应首先意识到科技的风险与负面效应，通过立法，制定合理的产业发展政策，积极淘汰落后的高耗能、高污染的技术，推广清洁技术、有利于资源环境保护的先进技术的应用，防止科技成果的滥用与误用，尽最大可能将技术应用的负面效应降低到最低限度。

解铃还须系铃人，面对科学技术的负面效应，还需要依靠科技本身的进步和发展来解决。科技在和谐社会的构建中可以从如下几方面来发挥其作用。

第一，发明新的方法替代有缺陷的技术。氟里昂的使用造成了臭氧层的破坏，这是人类一开始并没有想到的，所以随着人类认识的提高，人类开始发明新的可以取代氟里昂的制冷剂。汽油中含有的铅会对人类产生危害，我们发明了无铅汽油，或用液燃气等代替，就可以解决这一问题，我国在这一方面已作出了不少努力，并已经取得了一定成功。

第二，改进已有技术，克服弊端。科学技术是提高资源利用效率的主要手段，今后随着我国经济总量的增长，资源供给不足的危机将日益严重，对经济的持续增长将构成极大的威胁，所以今后我国只能走节约资源、提高资源利用效率的经济增长道路。据统计，我国原材料消耗强度比发达国家普遍高5～10倍，如此之大的差距说明，我国在提高资源利用率方面仍有很大潜力，而这方面很大程度上取决于对提高资源利用率方面的科学技术。减少和控制环境污染是实施可持续发展的关键，利用科学技术建立无废少废的循环性生产工艺，实现生产工艺生态化，依靠新技术，发展可再生能源，以利于人与自然的和谐发展。为保证数据信息在网络上的安全传递和不被丢失或盗窃，有必要采取相应的技术安全措施。

第三，运用新的科技成果消除已造成的恶果。依靠新的科学技术处理和消除污染物，依靠科学技术不断提高解决问题的能力，我们才能在21世纪走好可持续发展道路。例如，中国在治理太湖蓝藻过程中把湖里的淤泥清理上岸后运用新的技术使之硬化，将它用作回填土等。

第四，充分运用科学技术对人类社会发展的预测作用。要"综合运用科技创新产生的科学理论、分析方法、预测手段和信息处理能力，系统认识与分析资源、环境、城乡、区域、人口、社会组织等结构及其变化趋势，为推进城乡、区域、经济社会和谐发展提供科学依据"。例如，要预测未来的人口发展情况、人类的需求情况、对自然环境的适应情况；预测未来供给人类的粮食、能源、材料、信息及动植物资源的分布、种类、数量；预测地球表面温湿度、光照情况、环境污染情况等。要研究以上情况，就必须对目前的情况和从过去到现在的发展状况有比较系统的把握。而要掌握这些情况进行预测，脱离科学技术和科学技术结晶的电子计算机等计算工具和预测手段是不可能实现的。

我们的态度应该是正确对待科学技术的作用，通过改进技术，提高使用技术者的素质，加强对科学技术使用的监督，尽量防止科学技术的应用对人类产生破坏性的影响与作用，使科学技术真正成为促进社会发展的革命力量，实现社会主义和谐社会的目标。